FÜR IMMER IMI

Katinka Buddenkotte

FÜR IMMER IMI

Köln verstehen.
Ein Versuch

emons:

Inhalt

Inhalt

LIEBE IMIS,

die ihr erst kürzlich zugezogen seid oder schon eine (gefühlte) Ewigkeit hier lebt, lasst mich zuallererst die Karten auf den Tisch legen: Ja, ich bin eine von euch. Also keine gebürtige Kölnerin, sondern: ein Imitat. Denn von diesem Wort stammt die Kurzbezeichnung »Imi« ab und nicht etwa von »Immigrant«. Natürlich bin ich im Umkehrschluss trotzdem in diese Stadt eingewandert, am Anfang des noch jungen Jahrtausends, aus den Weiten der westfälischen Einöde. Mit ein paar Schlenkern und Boxenstopps, die mich auch in andere Länder und »echte« Großstädte geführt haben. In das Millionendorf Köln hat mich der Zufall verschlagen. Oder auch das Schicksal. Vielleicht war es auch der Umstand, dass zu jener Zeit alle Menschen, die mir etwas bedeuteten, ausgerechnet Köln ihre (Wahl-)Heimat nannten. Bis heute frage ich mich oft: Warum?

Und vielleicht fragen auch Sie sich jetzt: Warum? Warum sollte mir ausgerechnet eine Nicht-Kölnerin erklären, wie ich mich hier zurechtfinde, was zu beachten ist und wie ich die größten Fettnäpfchen umgehe? Nun, wahrscheinlich sind Sie, genau wie ich, kein Mathegenie. Sonst hätten Sie sich vor Ihrem Umzug relativ einfach ausrechnen können, dass Sie in fast jeder anderen Stadt günstiger, schöner und friedlicher leben könnten als hier. Und vielleicht war es auch bei Ihnen so, dass Ihre Logikschwäche schon seit der Schulzeit besteht: Sicher, die Grundrechenarten haben sich Ihnen erschlossen, selbst Brüche, Prozente und Tortendiagramme verstehen Sie bis heute nahezu mühelos. Aber dann tauchten plötzlich fantastische Zahlengebilde und Gleichungen auf, die offenbar nicht von dieser Welt waren: Polynomdivision. Vektorenrechnung. Und spätestens, als Sie bei einer Klassenarbeit nicht den korrekten Lösungsweg in Ihr Heft geschrieben haben, sondern »Es ist mir völlig egal, wann welches Flugzeug wo losfliegt und welchen vermaledeiten Wert »X« hat!«, haben Sie etwas fürs Leben gelernt, nämlich: Wer erst im letzten Moment einen Notruf absetzt, der bekommt keine Hilfe, sondern: Nachhilfe. Von einem Studenten der Mathematik oder, noch schlimmer, dem Streber aus der eigenen Klasse, der diesen Job auch gern unentgeltlich erledigt hat. Und als wäre das allein nicht schon erniedrigend genug gewesen, haben diese elenden Stunden am heimischen Schreibtisch bei Keksen, Kakao und Karteikastensystemen Sie auch kein Stück weitergebracht. Und das lag wirklich nur zum Teil an Ihnen. Denn Menschen, die einen ganz natürlichen Zugang zu unnatürlichen Zahlen haben, denen angesichts endloser Zahlenkolonnen sogar das Herz aufgeht, die sich begeistert ins Getümmel von unbekannten Variablen stürzen, verstehen einfach nicht, was Sie daran nicht verstehen können.

Und nach jeder Mathenachhilfestunde durch einen Profi fühlten Sie sich nicht schlauer, sondern dümmer. Irgendwann zweifelten Sie sogar daran, ob 1 + 1 auch wirklich 2 ergibt. Und ich wette mit Ihnen: Wenn Ihnen irgendwann irgendwer doch noch vermitteln konnte, wie der Hase läuft beziehungsweise wie schnell das Flugzeug fliegt, dann war es eine Person, die einst genauso verständnislos gewesen ist wie Sie selbst, was Mathe anging. Oder welches auch immer ihr ganz schwaches Fach gewesen ist. Denn dieser Mensch ist mit Ihnen den langen, langen Weg zurückgegangen bis zu dem Punkt, an dem Sie den Faden verloren haben. Der lag in den meisten Fällen kurz vor der Bruchrechnung oder den französischen Zahlwörtern, der chemischen Formel für Wasser oder der ganzen Angelegenheit mit den Bienchen und Blümchen. Aber: Sie haben sich nicht geschämt dieser Person gegenüber, denn die war ja kein arrogantes Genie, sondern, genau, das Imitat einer Koryphäe. Und dieses Imitat hat Ihnen nicht eingebläut, dass Sie ein Versager sind und bleiben, wenn Sie die Integralrechnung nicht beherrschen. Nein, Sie haben mit diesem Imitat erst einmal über die gemeinsamen Unzulänglichkeiten gelacht, dann die Materie verflucht, und schließlich die aberwitzigsten Eselsbrücken gebaut. Und irgendwann hat es bei Ihnen »klick« gemacht, Sie hatten den entscheidenden »Aha!«-Moment. Vielleicht auch nur einen

»Ach so«-Moment. Jedenfalls konnten Sie die Schule mehr oder weniger erfolgreich beenden. Gut, vielleicht haben Sie auch zusammen mit Ihrem Partner-in-Crime das ultimative Versteck für einen Spickzettel gefunden und sind mit viel Glück nicht durchgerasselt. Wie auch immer: Sie mögen mittlerweile das Meiste vergessen haben, was den Unterrichtstoff angeht, aber eines nicht, nämlich: Wenn Sie vor einem schier unlösbaren Problem stehen, benötigen Sie jemanden, der das Problem ebenfalls einmal hatte. Oder zumindest ahnt, wo ihr Problem liegen könnte. Oder auch: Dass überhaupt ein Problem existiert!

Kurz: Bei dem Versuch, Köln zu verstehen, können Ihnen die Kölner nicht helfen.

Denn der Urbevölkerung dieser Stadt ist völlig unklar, wie irgendjemand keinen natürlichen Zugang zu diesem Chaos finden könnte. Sie sehen es noch nicht einmal als solches an, sondern eben als ein wunderbares Getümmel aus lauter unbekannten Variablen, deren Wert sich ganz simpel bestimmen lässt, nämlich: Alle sind gleich, und jeder Jeck ist anders. Das ist nicht nur vollkommen unlogisch, sondern teilweise auch gefährlich. Sicher, die Kölner wirken oft putzig und harmlos, außerdem sind sie tatsächlich verspielt und auch begeisterungsfähig. Teilweise sind sie sich sogar Ihrer eigenen Unzulänglichkeiten bewusst, aber sie glauben nicht daran, dass es irgendwo schöner oder gar besser ist, als auf ihrer eigenen Scholle, also der Welt innerhalb der Stadtgren-

BEI DEM VERSUCH, KÖLN ZU VERSTEHEN, KÖNNEN IHNEN DIE KÖLNER NICHT HELFEN.

zen. Sich von Kölnern erklären zu lassen, wie Köln funktioniert, ist so, als würde ein Pinguin einen Fisch an Land ziehen und zu dem sagen: »So, jetzt hab ich dich schon aus diesem elenden Ozean gerettet, anpassen musst du dich selber. Fliegen kann ich auch nicht, aber zappel ich deswegen so rum? Keine Ahnung von Evolution, aber die Augen verdrehen! Solche wie dich habe ich ja gefressen, ne?«

Also helfe ich Ihnen durch Köln mit diesem Buch. Es ist genau so aufgebaut wie die Stadt selbst, also auch nur scheinbar vollkommen unlogisch. In Wahrheit befindet sich der Anfang aber tatsächlich vorne, also an einem Ausgangspunkt, von dem nur Imis wie Sie und ich starten, also in Ihrer neuen Wohnung in Köln. Von da aus tasten wir uns weiter vor, immer auf vermeintlichen Umwegen, bis Sie wieder da stehen, wo die Kölner sie zuvor vermutet hatten: am Nabel der Welt, aber ausgestattet mit dem Rüstzeug, um diesen als solchen zu erkennen.

Während dieser 184-seitigen Odyssee zeige ich Ihnen, als Ihre Flugbegleiterin, immer, wo sich die Notausgänge befinden. Manchmal reiche ich sogar einen Fallschirm dazu. Trotzdem rate ich vor dem vorzeitigen Ausstieg ab, aus Sicherheitsgründen. Und weil eine halbe Reise ja nur den halben Spaß bedeutet. Den Vielfliegern unter Ihnen sei gesagt: Ja, Sie werden vielleicht genervt mit den Augen rollen, wenn ich in jedem zweiten Kapitel wieder den Kölner Dom erwähne. Aber seien Sie gewiss, dies geschieht nur, um Ihre Nerven zu trainieren. Die Kölner erwähnen dieses Bauwerk nämlich in jedem zweiten Satz. Voraussichtlich wird es wie bei jeder Reise von Imi-Airlines zu Turbulenzen und Ambivalenzen kommen, aber was wäre die Alternative? Wenn Sie die Strecke lieber schwimmen wollen, dauert das ewig. Oder Sie werden unterwegs von einem hilfsbereiten Pinguin aufgegabelt.

Und wer weiß: Vielleicht können Sie am Ende der Lektüre auch fliegen, selbstständig und aus völlig unerklärlichen Gründen? Oder zumindest haben Sie gelernt, es so aussehen zu lassen, als würden Sie knapp über dem Boden schweben. Oder auch nur über den Dingen stehen. Eben fast wie die Kölnerinnen und Kölner. Also ein echtes Imitat.

WOHNEN

Wie findet mich
meine neue Wohnung?

Herzlichen Glückwunsch! Sie wohnen nun in Köln, der schönsten Stadt der … Kölner. Nein, ganz im Ernst, ich persönlich freue mich sehr, dass Sie endlich da sind, und möchte, wie ortsüblich, sofort ein paar indiskrete Fragen an Sie richten: Wie sind Sie an Ihre neue Wohnung gekommen? Sind Sie stinkreich? Haben Sie Connections, oder haben Sie unverhofft das ganze Haus geerbt? Sind Sie berühmt, sollte ich Sie kennen? Oder hat Ihr neuer, leicht verhutzelter Vermieter seinen Namen nicht genannt, aber dafür in einer Vertragsklausel Ihren Erstgeborenen gefordert?

Nun, wenn Sie eine dieser Fragen mit »Ja« beantworten können, müssen Sie nicht weiterlesen, weil sie offenbar gar keine oder ganz andere Probleme haben. Wahrscheinlicher ist aber, dass Sie, genau wie der Großteil aller Imis, nach einer langwierigen, zermürbenden Odyssee irgendwann einfach zugeschlagen haben. Und zwar, als Sie endlich den erlösenden Anruf erhielten, und eine Stimme sprach: »Sie haben großes Glück! Die anderen Mieter sind grad abgesprungen. Sie können die Wohnung haben, ab sofort.«

Und Sie haben hemmungslos geweint – obwohl Sie im überfüllten Regionalexpress standen, mit dem Sie seit Wochen zur Arbeit in die Domstadt pendeln. Dann waren Sie unsicher, um welche der zuvor von Ihnen besichtigten Wohnungen es sich genau handelte. Nach stundenlanger Recherche werden sie festgestellt haben, dass Sie das spezielle Objekt noch gar nicht in Augenschein nehmen konnten, aber: Wurscht – Sie haben den Anruf erhalten, also bekommen Sie auch die Wohnung! Das Umzugsunternehmen wurde bestellt, die Formalitäten erledigt, Sie sind eingezogen, sofort und – blind. Und kommen jetzt ganz langsam zur Besinnung. Was haben Sie getan? Meine Empfehlung an dieser Stelle: Auch wenn der laut Annonce »raffiniert geschnittene Single-Traum« sich gerade doch eher als Dachkammer entpuppt, in der drei von vier Wänden sich als Schrägen herausstellen: Richten Sie sich so häuslich ein wie irgend möglich. Und wenn es bedeuten sollte, dass Sie daheim einen Helm tragen müssen, um einen einigermaßen klaren Kopf zu behalten. Glauben Sie mir: Sie werden Ihre neue Behausung lieben … lernen … müssen. Und am besten beginnen Sie so schnell wie möglich damit – oder ziehen direkt wieder in eine andere Stadt.

Denn vielleicht ist der Wohnungsmarkt in Köln noch nicht ganz so umkämpft wie in Berlin, und die Mieten mögen moderat wirken, wenn Sie aus München hergezogen sind.

Aber im Gegensatz zu den genannten Großstädten kommt hier ein ganz anderes Problem hinzu: Abgesehen von all denen, die aus beruflichen oder privaten Gründen von überall her in die Stadt strömen, sind die Kölner genauso gestrickt wie die Bevölkerung Islands (wenngleich auch aus dünnerer Wolle): Ja, viele von ihnen verlassen in ihrer Jugend die Insel der Glückseligkeit und bereisen fremde Städte und Länder, aber: Sie kommen alle wieder zurück, an den einzigen Ort, wo man sie versteht. Und dann ziehen die kleinen Ausreißer wieder in das Veedel, in dem sie geboren wurden, oft sogar in dieselbe Straße, in der sie aufgewachsen sind. Sie fragen sich, wie diese Leute an die heißbegehrten Wohnungen kommen? Dann sind Sie wirklich ein Frischling. Dass Ex-Exilanten immer sofort eine Wohnung finden, könnte man bösartigerweise unter »Klüngel, Stufe 1« abheften, aber fragt man die Kölner, dann handelt es sich stets um glückliche Fügung.

Drehen Sie also nicht durch, wenn Sie folgendes typisches Szenario bezeugen: Ein mittelalter Abenteurer steigt aus der Straßenbahn, die ihn direkt vom Flughafen in die alte Heimat gebracht hat, und haut mit seinem Riesenrucksack beinahe eine ältere Dame um. Da der Unfall gerade noch vereitelt werden konnte, lachen beide, und kommen natürlich sofort ins Gespräch. Dieses ist oft kurz, aber äußerst effektiv: »Na, Jung, kommste von ner Weltreise?«

»Ja, aber da war et nit so schön wie hier.«

»Ja, dat han ich auch jehört. Und wo wohnste jetzt? Bei uns is ja wat frei geworden, nebenan. Sin nur vier Zimmer, aber hohe Decken, und jünstich. Is ja auch wichtig, wenn da mal Familie dazukommt.«

»Oh, die jibbet schon. Sind Zwillinge, halbes Jahr alt.«

»Och, ne, wat süß!«

Und dann geht dieser Typ, der garantiert noch keinen neuen Job hat, mit der alten Dame mit. Und zieht da direkt ein, nebenan. In Ihre Traumwohnung. Wahrscheinlich wird er nicht mal Kaution zahlen müssen, weil er ja auch noch einen großen Hund mit in die Hausgemeinschaft mitbringt, der nur halbtags bellt. Und man dem Jung ja wieder auf die Beine helfen muss, wo er doch nur stundenweise Schlagzeugunterricht gibt, gern in der Mittagszeit.

Wohingegen Sie, wie Sie sich nun dunkel erinnern, beim Abschluss des Mietvertrages die letzten 80 Gehaltsnachweise vorlegen mussten, nebst blitzsauberem polizeilichem Führungszeugnis und einer eidesstattlichen Erklärung, dass Sie niemals auch nur in eine Blockflöte husten werden. Nicht zu vergessen den horrenden Abschlag, den Sie dem Vormieter zahlen mussten: Für die schäbige Einbauküche, die ollen Markisen, den geschmacklosen Fußbodenbelag und natürlich für den hässlichen Sessel, auf den Sie sich nun wahrscheinlich haben fallen lassen, um zu schreien: »Das ist sooo ungerecht.«

Nein, es ist nicht ungerecht. Es ist Köln. Also, reißen Sie sich zusammen, es wird nicht besser. Sie müssen besser werden. Um hier nicht nur zu überleben und letztendlich: zu wohnen. Wenn Sie jetzt denken, es sei ein Schritt in die richtige Richtung, sich die Tränen aus den Augen zu wischen, dabei die noch nicht ausgepackten Umzugskartons zu betrachten und sich zu sagen: »Also, für den Übergang wird es schon irgendwie gehen. Die Gegend ist ja auch wirklich nicht schön. Schon ziemlich dreckig und laut, überall. Ehrlich gesagt: Nur ein Verrückter würde hier länger als unbedingt nötig wohnen bleiben!«, dann habe ich ein paar Wahrheiten für Sie, die noch unbequemer sind als der olle Sessel, von dem Sie meinen, dass Sie den als Erstes rausschmeißen werden:

1. Von welchem »Übergang« glauben Sie zu sprechen? Wenn Sie hier einmal Wohnraum ergattert haben, gibt es da nämlich nur zwei Möglichkeiten: Sie gehen nach ein paar Jahren in eine andere Stadt oder in ein anderes Land »über«, weil dort wichtige Aufgaben nur auf Sie warten und ziehen logischerweise dorthin. Oder Sie gehen für immer, also mit den Füßen voran. Dann können Sie auch endlich wieder den Helm abnehmen, weil Sie die steilen Treppen heruntergetragen werden. Schon fast ein Jammer, dass Sie dann nicht mehr live dabei sind.

2. Köln ist nicht schön. Nirgends. Zumindest nicht auf den ersten Blick und schon gar nicht auf lange Sicht. Wenn wir mal von den wenigen Fleckchen absehen, die Sie sich nie werden leisten können. Und dem einen Haus, in dem die alte Dame und der ehemalige Weltenbummler wohnen. (Weiteres dazu im Kapitel »Bausünden«.)

3. Wie Sie mittlerweile gemerkt haben dürften: In Köln leben ausschließlich Verrückte. Wobei die Kölner den Zustand nicht »verrückt«, »irre« oder gar »wahnsinnig« nennen, sondern »jeck«. Das ist neutraler und Grundvoraussetzung für ein glückliches Leben hier. »Jeck« ist ein Kompliment. Meistens. Das kölsche Sprichwort »Jeder Jeck ist anders« bedeutet hingegen nur, dass hier jeder das machen kann, was ihm gefällt, solange es nicht unkölsch wird. Also, jecken Sie los, denn jetzt, in Ihren eigenen vier Wänden, haben Sie die ideale Gelegenheit, unbeobachtet zu üben. Lösen Sie sich zunächst von dem, was Sie bisher Ihren persönlichen Stil nannten, zum Beispiel von Ihrem Geschmack, was Einrichtung betrifft. Sie werden feststellen, wie wohltuend dieses Loslassen ist, sobald Sie versuchen, Ihre eigenen, mitgebrachten Möbel in der neuen Behausung unterzubringen: Sicher, der Kirschholztisch mit den passenden Stühlen ist sowohl antik als auch zauberhaft, allein – die einzige Stelle, wo er hinpasst, ist vor der Badezimmertür. Und Sie müssen zugeben: Dort wirkt er nicht so richtig. Das Designerregal ist ebenfalls wenige Millimeter zu hoch für die Zimmerdecke, Ihre ausgesuchten Deko-Gegenstände stellen sich sämtlich als das heraus, was sie heimlich immer waren, nämlich: Raumfresser. In Ihnen reift der Gedanke, eine Karriere als Schwerverbrecher zu beginnen, eine Bank auszurauben, um die Beute in eine größere, verdammt, einfach in eine normale Wohnung zu investieren. Aber ein Blick aus dem Fenster vereitelt den Plan. Der geliehene Umzugstransporter, den Sie als Fluchtfahrzeug angedacht haben, steht gerade so günstig. Diesen Parkplatz dürfen Sie nicht wieder aufgeben. Es ist diese Restvernunft, die Sie dazu bringen wird, Ihr heißgeliebtes Mobiliar gar nicht erst aufzubauen, sondern es irgendwo auf dem platten Land einzulagern. Zeitnah, wie Sie jetzt noch hoffen. Sie verkeilen

ES IST DIESE RESTVERNUNFT, DIE SIE DAZU BRINGEN WIRD, IHR HEISSGELIEBTES MOBILIAR GAR NICHT ERST AUFZUBAUEN.

also alles »übergangsmäßig« in den Raum, den Sie Dank des nächtlichen Straßenlärms sowieso nicht mehr nutzen können, also in das sogenannte »gemütliche Schlafzimmer«. Allein der potthässliche Sessel Ihres Vormieters verbleibt nun in Ihrem Wohn-/Ess-/Arbeitszimmer. Überglücklich stellen Sie fest, dass dieser sogar über eine Ausklappfunktion verfügt. Ideal für die kurzen Nickerchen, die von nun an Ihrem Biorhythmus vorgeben werden: Zwei Stunden Arbeit, dann eine Viertelstunde Power-Napping. Hat nicht auch Leonardo da Vinci nach diesem Prinzip gearbeitet? Nun, vielleicht werden Sie kein Universalgenie, wenn Sie ab sofort auf die klassische Nachtruhe verzichten, aber dafür beginnt der kölsche Geist jetzt schon, in Ihnen emporzusteigen: Von Ihrem Multifunktionssessel aus entdecken Sie einen Spalt zwischen Fensterrahmen und Zimmerecke, der geradezu danach schreit, dort ein kleines Bücherregal zu gestalten! Aber wozu Regalbretter kaufen, wenn man ein vorhandenes Bett zersägen kann?

Und je nach handwerklichem Geschick, Übernächtigungsgrad und Talent für Toleranz wird sich Ihre neue Wohnung mehr oder weniger schnell in den typischen provisorisch wirkenden Alptraum verwandeln, der hier so geschätzt wird. Wenn es gut läuft, werden Sie schon bald so mutig sein, Ihre Nachbarn zu einer Einweihungsparty einzuladen, und ja, wenn Sie alles richtig gemacht haben, wird Ihnen auch von urkölscher Seite aus gratuliert werden: Zu der fantastischen Idee, einen Sitzplatz unter der Spüle einzurichten. Auch der Einfall, die Tischplatte zu halbieren und diese auf ein Kölschfass zu legen, wird beklatscht werden. Ja, Sie haben eben ein Händchen für sowas. Und hoffentlich auch das passende Köpfchen dazu, welches besser artig nicken sollte, wenn Ihre Nachbarin

Ihnen bald eine Lichterkette mit Geißbock-
lämpchen reicht, mit der Sie ihr selbstgebautes Bücherregal
illuminieren können. Denn erst dann sind Sie voll und ganz
dort angekommen, wo Sie niemals sein wollten: in der urge-
mütlichen kölschen Wohnschachtel im Jeck-Barock-Stil!

Und mit den Wochen, Monaten und Jahren werden Sie Ihr
Projekt »Suche nach einer besseren Wohnung« vielleicht immer noch nicht aufgegeben haben. Aber Sie werden verstanden
haben, dass der Weg das Ziel bzw. Wohnungssuche ein schönes, aber nicht ergebnisorientiertes Hobby ist. Es ist ein gesun-
der Zeitvertreib, mal zu Fuß in ein anderes Veedel zu gehen, es
erweitert den Horizont, man lernt neue Menschen kennen.
Gleichzeitig macht es demütig. Denn Sie wissen ja, dass all diese armen Teufel, die bis zur nächsten Straßenecke anstehen,
um diese muffige, Entschuldigung, »einzigartige« Souterrain-
wohnung zu besichtigen, noch gar nicht in der schönsten Stadt
der Welt wohnen. Einer von ihnen wird am Ende seine Seele
verkaufen, so wie Sie einst. Aber bitte, denken Sie daran: Geben
Sie der Gesellschaft etwas zurück, und kämpfen Sie aktiv gegen
Mietwucher, Klimaverschmutzung und Gentrifizierung an.

Wenn Sie also, wie ich an so manchem freien Samstag,
mit Dutzenden anderen durch eine klamme Höhle ge-
scheucht werden, die aber nur an jene zu vermieten ist, die
sich bereit erklären, die »neuwertige, maßangefertigte Küche«, welche selbstredend lediglich aus einem herunterge-
rockten Kühlschrank und einem halbvollen Wasserkocher
besteht, für eine hohe vierstellige Summe zu übernehmen,

tun sie Folgendes: Verbünden Sie sich mit den sympathischsten/bedürftigsten Kandidaten. Diese lenken die Vormieter ab (die es nicht müde werden, zu erwähnen, dass Sie jetzt was Tolles in München gefunden haben und sich auch vorstellen könnten, die Wohnung hier zu halten, um nur tageweise an Messegäste zu vermieten), während Sie den Wasserkocher neben dem Kühlschrank ausleeren. Dann rufen Sie: »Oh, die exklusive Einbauküche scheint defekt.« Die Augen der Vormieter weiten sich vor Schreck, Ihre Lieblingskandidaten rufen, wie zuvor heimlich verabredet: »Ui, das kennen wir, als Umwelttechniker in unbefristeter Festanstellung. Da entsteht ganz schnell ein Wasserschaden, wenn man das Gerät nicht sofort fachgerecht entsorgt. Wir sind ja zufällig mit dem Transporter hier, wir könnten den Kühlschrank direkt mitnehmen, wenn wir nicht noch einen anderen Besichtigungstermin im Anschluss hätten …« So findet die Wohnung ganz schnell ihre perfekten Mieter, ganz ohne Abstandszahlung, glauben Sie mir. Und Sie finden Freunde fürs Leben! Und der Hass der 100 anderen Bewerber wird sich nicht gegen Sie und Ihre dankbaren Komplizen richten, sondern gegen die raffgierigen Bald-Münchener. Den Kühlschrank müssen Sie und Ihre neuen Freunde dann natürlich doch mitnehmen und entweder an Bedürftige spenden oder tatsächlich fachgerecht entsorgen lassen. Ist das fies, unfair, ausgebufft und irgendwie unmoralisch? Na ja. Lassen Sie es mich so formulieren: Es ist Köln.

Kölsch

Anbei noch ein unvollständiges Wörterbuch **»Mietwohnung zu vermieten – Klartext«**, das Sie daran erinnert, was für ein großes Glück Sie mit Ihrer Wohnung hatten. Und haben.

Raffiniert geschnitten: Aus einer Wohnung wurden drei gemacht, mindestens eines der Zimmer ist nur auf Knien rutschend zu erreichen.

Ländlich und doch zentral: Die Wohnung befindet sich in Porz oder Bergisch-Gladbach.

In familiärer Nachbarschaft: Die Vermieter wohnen mit im Haus. Am Wochenende meist in Ihrem Wohnzimmer.

Schweren Herzens abzugeben: Sie zahlen keinen vierstelligen Abschlag für einen alten Kühlschrank, sondern für ein Regalbrett. Also verwandeln Sie dies in ein Designerstück!

Tausche klein gegen groß! Ein Angebot von Imis, die nicht jeck, sondern verrückt geworden sind.

Über den Dächern von Köln: Entweder ein Hochhaus vor der Stadtgrenze oder ein Spitzboden, auf dem selbst die schon anwesenden Tauben sich ducken müssen.

Altbau-Charme, günstig: Das Haus wird innerhalb der nächsten zwei Jahre abgerissen, weil es zu 80 % aus Asbest besteht.

Altbau, repräsentativ: Ziehen Sie den geplanten Bankraub durch, bevor Sie dort vorstellig werden.

Urgemütliche Oase: Abstellkammer mit Waschmaschinenanschluss, vielleicht auch fließend Wasser direkt von den Wänden.

Für Individualisten: Die Dachkammer bei Ihnen nebenan, die für einen neuen Imi mit viel Glück bereit steht. Überreichen Sie Ihrem neuen Nachbarn bei Gelegenheit ein hübsches Willkommensgeschenk, also ein Kölschfass für seine halbe Tischplatte. Bitte dieses vor Einbau gemeinsam leeren!

DER DOM

Gebrauchsanweisung für Einsteiger

Sobald Sie in Köln leben, ist es oft nur eine Frage von wenigen Tagen, bis sich Freunde und Familie zu Ihnen einladen werden. Natürlich freuen Sie sich, bekannte Gesichter zu sehen, genau wie Ihr Besuch sich darauf freut »Ihre« neue Stadt kennenzulernen. Wenn Sie aber ganz ehrlich sind: Es passt gerade gar nicht. Denn egal, wie alt sie sind oder was Sie beruflich tun, im Grunde sind diese spontan anberaumten Treffen eine Mischung aus Überfallkommando und Kontrollgang. Natürlich in liebevoller Absicht, denn jeder, der es gut mit Ihnen meint, will doch nur wissen, ob es Ihnen auch gut geht. Ob Sie sich schon eingelebt oder wenigstens akklimatisiert haben. Haben Sie nicht, vertrauen Sie mir da einfach. Und zwar völlig egal, ob sie als Student, Dozent, Medienmacher, Mediziner oder der Liebe wegen hergezogen sind, große Teilbereiche Ihres neuen Lebens stehen noch auf tönernen Füßen. Wenn überhaupt. Sie sind einfach noch nicht dazu gekommen, gewisse Dinge so zu erledigen, wie man es bisher von Ihnen gewohnt war. Wohnen zum Beispiel. Es besteht aber kein Grund, in Panik zu geraten, nur weil Ihr neues Domizil noch nicht wirklich auf Besuch eingerichtet ist. Aber selbst wenn Sie bisher nur eine schmale Matratze in einem winzigen WG-Zimmer ausgelegt haben: Erfinden Sie keine Ausreden, um Gäste zu vertrösten, sondern nutzen Sie die Gelegenheit, um Ihre neue Heimatstadt so zu präsentieren, wie Sie ist: vollkommen unperfekt. Eine ewige Baustelle, und zwar überall! Das beste und bekannteste Statement für diese charmante Trödelei ist natürlich der Kölner Dom. Mein Tipp: Stellen Sie sicher, dass der Dom das Erste ist, was Ihr Besuch in Köln zu Gesicht bekommt. Falls dieser per Bahn anreist, sollte das kein Problem darstellen. Vielleicht war es sogar die letzte Meisterleistung der Stadtplanung, den Hauptbahnhof direkt neben das weltberühmte Wahrzeichen zu pflanzen. Jedenfalls war dieser Schachzug wesentlich raffinierter, als der, die U-Bahnlinie 5 seit kurzer Zeit wieder unter dem Dom herfahren zu lassen, dazu aber später.

Falls Ihre Gäste hingegen angekündigt haben, mit dem Pkw anzureisen, und zwar ganz gleich, aus welcher Himmelsrichtung, tun Sie einfach Folgendes: Erklären Sie Ihnen in knappen Worten die Parkplatzsituation: Es gibt keine freien Parkplätze innerhalb des Stadtgebietes. Schon gar nicht für Auswärtige. Falls Ihr dräuender Besuch das nicht glauben will und trotzdem auf gut Glück losfährt, sind Sie fein raus. Er wird erst Wochen später bei Ihnen auftauchen, falls überhaupt. Und wenn Sie es mit Schlaufüchsen zu tun haben, die nach gründlicher Internet-Recherche einen bezahlbaren Tiefgaragenstellplatz in Leverkusen oder Langenfeld ausfindig gemacht haben, können Sie einem direkten Hausbesuch bei Ihnen immer noch geschmeidig entgegenwirken. Sie bieten einfach an, den unverbesserlichen Autofahrer dort abzuholen, um ihn danach per KVB in die Innenstadt zu geleiten. Falls es sich bei dem von dort aus genutzten Transportmittel um die S-Bahn handelt, die also oberirdisch auf den Hauptbahnhof zufährt, geben Sie dem interessierten Touristen keinerlei andere Auskünfte als: »Von hier aus müsstest Du gleich den Dom sehen können.« Meist stimmt das sogar. Falls das Stadtzentrum auf unterirdischen Wegen erreicht werden muss, wird der erste Blick Ihrer Gäste ebenfalls automatisch auf das angepeilte Bauwerk fallen. Denn jeder Erstnutzer verschließt reflexartig die Augen in dieser altmodischen Geisterbahn, in der es grundlos blitzt, donnert und rumpelt, und ist froh, wenn er dem Spuk am Hauptbahnhof entfliehen kann. Und dort erhebt er sich in aller Pracht: der Kölner Dom. Der natürlich offiziell Hohe Domkirche Sankt Petrus heißt und von 1880–1884 das höchste Gebäude der Welt war. Mit diesen wichtigen Fakten können Sie natürlich prahlen und, je nach Geschmack und Ausdauer, noch mit etwa 3.000 weiteren, die Sie sich mühelos an anderer Stelle anlesen können. Ob Sie Spickzettel oder gleich mehrbändige Abhandlungen mit sich führen, bleibt Ihnen überlassen.

Für den durchschnittlich trainierten Nicht-Kölner dürfte es für Ihre Zwecke allerdings völlig ausreichen, wenn Sie ihn die Domplatte erklimmen lassen. Um ihm so nachhaltig zu verdeutlichen, welcher Rhythmus, ja, welche Geisteshaltung diese beeindruckende Kirche und die gesamte Stadt aufrechterhält: Denn offenbar lädt nirgendwo anders auf der Welt eine Treppe, die zu einer Sehenswürdigkeit führt, die Menschen so sehr ein, sich auf ihren Stufen niederzulassen, und zwar noch bevor man das eigentliche Ziel erreicht oder gar erkundet hat. Stundenlang und hemmungslos im Weg der anderen Abertausend Passanten zu sitzen, das ist Köln pur! Und ist man dann endlich, einem sich ständig ändernden Zick-Zack-Kurs folgend, am Seitenschiff des Doms angelangt, gibt es von hier aus zwei Möglichkeiten: Entweder wird man durch die Menschenmassen direkt auf die Rückseite des Doms getrieben. Diese Variante ist für Sie, den ungeschulten Fremdenführer, sehr komfortabel, denn so können Sie auf ein jedes Gebäude zeigen und dabei sagen: »Ganz berühmtes Museum«, ohne Gefahr zu laufen, dabei zu lügen. Ein weiterer Vorteil dieser Route um den Dom ist selbstverständlich, dass Sie so unweigerlich auf die Philharmonie zugespült werden. Dort kann Ihr Besuch erstmals bestaunen, wie aus Fehlplanung Karrieren gemacht werden. Oder zumindest Mini-Jobs. Dafür mit nahezu internationalem Flair. Denn während im Untergrund weltberühmte Künstler musizieren, wird man oberhalb in ei-

STUNDENLANG UND HEMMUNGSLOS IM WEG DER ANDEREN ABERTAUSEND PASSANTEN ZU SITZEN, DAS IST KÖLN PUR!

nem derart rüden Ton vom Pflaster verscheucht, wie man ihn eigentlich nur von Berliner Busfahrern kennt. Zum Glück findet man kaum je die Muße, darüber nachzudenken, wie das ständige Kreischen des Satzes »RUNTER DA, ABER ZACKISCH! DIE DA UNTEN KÖNNEN NIX HÖREN, WENN IHR SO AUF DENEN RUMTRAMPELT!« sich wohl auf die Konzentration von Darbietenden und Publikum im Untergrund auswirken könnte. Denn schließlich befindet man sich immer noch auf einer wichtigen Mission, nämlich: Den Dom begucken, wenn man schon mal fast da ist. Sehr ehrgeizige Touristen werden nun versuchen, den Eingang der Kirche zu erreichen, indem sie das Gebäude auf der einmal eingeschlagenen Strecke zu umrunden versuchen. Viele scheitern dabei. Einige verwechseln die Bauzäune mit Wegweisern und landen auf oder unter dem Heumarkt. Ein paar schaffen es sogar, sich nur einen halben Tagesmarsch später auf der anderen Rheinseite in Deutz wiederzufinden. Vereinzelt wurde von Menschen berichtet, die es von der Philharmonie direkt wieder auf den Bahnsteig 1 geweht hat. Die meisten aber können der Versuchung nicht widerstehen und gehen zur Abwechslung die Treppe hinab, die zum Rheinufer führt. Dort besteigen sie entweder ein Ausflugsschiff oder lassen sich in einem der zahlreichen Gastronomiebetriebe nieder. Beides führt dazu, dass Sie erst viele Stunden später wieder am Dom ankommen und Ihr Besuch viel zu ermattet ist, das Weltkulturerbe auch nur von außen eingehender zu betrachten. Ihr Gast wird Ihnen also mehr als dankbar sein, wenn Sie ihn einfach wieder zum Bahnhof geleiten und dort in den halbwegs richtigen Zug setzen. Unter Umständen wird er sich noch auf dem Heimweg telefonisch bei Ihnen melden, da ihm einfiel, dass er doch etwas Entscheidendes bei seinem Besuch in der Domstadt vergessen hat. Dann versichern Sie ihm einfach, dass sie alles unter Kontrolle haben und Sie bei nächster Gelegenheit sein Auto wieder bei ihm vorbeibringen werden. Manchmal ist es also ganz einfach, sich gleichzeitig als guter Freund und erfahrener Cosmopolit zu erweisen.

Die schönere Route um den Dom ist natürlich die, die einen zunächst direkt vor das Portal desselbigen führt. Früher wurde die Domplatte von sehr vielen Touristen, Skateboardfahrern und Straßenmalern bevölkert, gelegentlich mischten sich Kamerateams in das bunte Treiben. Natürlich gab es damals ebenfalls Taschendiebe, darunter auch die berüchtigten Antänzer. Also Menschen, die zur Ablenkung vor ihren Opfern stehen blieben, gefährlich grinsten und dann wild herumzuckten. Und zwar bis die Ortsunkundigen nicht mehr wussten, ob sie nun staunen, lachen oder einen Arzt rufen sollten, oder, was immer im Bereich des Möglichen liegt, sich vor Ihnen nur ein unbescholtener Kölner Bürger präsentierte, der wieder mal beweisen wollte, dass »Kölle ein Jeföhl« ist. Und zwar eines, das raus muss. Zur Karnevalszeit ist es schier unmöglich, einen Unterschied zwischen harmlosem Freudentanz und versuchter Straftat festzustellen, aber Geld und andere Wertsachen verschwinden in beiden Fällen zuverlässig.

Heutzutage haben sich die Mengenverhältnisse der Domplattenbesiedler deutlich erkennbar verschoben. Es gibt noch mehr Touristen, die aber gleichzeitig alle ihr eigenes Kamerateam sind. Mit mindestens zwei Handys pro Person versuchen alle, die Straßenmaler zu fotografieren, die nun weder Platz noch Gelegenheit haben, tatsächlich künstlerisch tätig zu werden. Mit Selfie-Sticks werden Turniere ausgefochten, der Gewinner darf den letzten Menschen fotografieren, der sein Skateboard durch die Menge trägt. Hinzu kommen all die, die »Stillhalten« zum Zukunftsberuf erklärt haben. Also diejenigen, die in mehr oder weniger historischen Kostümen (beliebt sind Gladiator, Charlie Chaplin und »Ganz in Silber«) reglos verharren, bis sich Ihnen ein besonders zartbesaitetes Helikopter-Elternteil samt Nachwuchs nähert. Dann rufen sie »Buh!«. Diesem Ausruf folgt dann oft eine lautstarke Diskussion, bei der die besorgten Erziehungsberechtigten dem ehemaligen Stillsteher mit juristischen Konsequenzen drohen. Und da die Kölner Boulevardtheater besonders lieben, wenn es kostenfrei ist, wird sich flugs ein Kreis um die Streithähne bilden. So wird, bei allem Unterhaltungswert, auch dem so gar nicht traumatisierten Kind ein schützender Rahmen geboten. In diesem kann es sich, endlich einmal von ständiger Aufsicht befreit, mit einer Gruppe Punks anfreunden, neben einem Obdachlosen rasten oder sich auch kurzfristig von einer religiösen Sekte spirituell beraten lassen. Irgendwann wird der Gladiator dann die Eltern auf die Abwesenheit ihrer Brut aufmerksam machen, diese zucken dann noch wilder als jeder Antänzer, und ganz kurz darauf wird der kleine Fast-Ausreißer von Charlie Chaplin persönlich zu seinen Altvordern geleitet. Sämtliche Akteure fallen sich in die Arme, Applaus! Denn wie heißt es so schön: Es braucht ein ganzes Dorf, um ein

Kind großzuziehen, aber um gewisse Eltern nachzuschulen, braucht es schon eine Großstadt.

Nach dieser (oder einer ähnlichen) Show wird Ihr Besuch wahrscheinlich zu aufgekratzt sein, um tatsächlich in den Dom hineinzugehen. Falls er doch darauf besteht, arbeiten Sie ab jetzt mit der Kraft der Hypnose. Das wirklich einzigartige Interieur der gotischen Prachtkirche spielt Ihnen dabei in die Hände bzw. in den Mund. Zudem geziemt es sich bekanntlich nicht, an einem derart heiligen Ort laut zu sprechen oder gar die architektonischen Einzelheiten genauer zu erläutern. Also deuten Sie nur gen Decke und flüstern dabei: »Kreuzgewölbe. Unfassbar, mit den damaligen Mitteln. Kreuzgewölbe. Wahnsinn. Dieses Kreuzgewölbe.« Achten Sie dabei darauf, selbst nicht nach oben zu starren, denn dieses Kreuzgewölbe ist nicht nur wahrlich imposant, sondern lässt einen auch recht schnell schwindelig werden. Sobald Ihr Gast also leicht taumelt, schieben Sie ihn wortlos an den übrigen Altären, Fenstern und Grabkammern vorbei, sofern dies logistisch möglich ist. Bei Hochbetrieb packen Sie ihn einfach sanft am Kragen und ziehen ihn behutsam durch das Portal zurück an die frische Luft. Nach dieser Prozedur würde es nur ein Wahnsinniger wagen, den Dom auch noch besteigen zu wollen. Natürlich ist es nicht auszuschließen, dass sich in ihrem Bekanntenkreis so ein unbelehrbarer Extremsportler befindet. Jetzt besteht der Trick darin, dass Sie nicht nur mitspielen, sondern sich kurzerhand zum Expeditionsführer erklären. Es verlangt nicht allzu großes schauspielerisches Talent, mit ernster Miene zu murmeln: »Du willst da rauf? Okay. Ja, du hast recht, dass sollte jeder mal gemacht haben. Es ist den Eintritt auch absolut wert. Wenn wir uns jetzt in der Schlange anstellen, dann sind wir in gut drei Stunden oben. Wir sollten vorher nur noch Wasser kaufen. Die großen Flaschen. Und ob du da atmen kannst, in der Enge, das kannst du auch ganz einfach selber ausprobieren. Hier, zieh dir einfach deine Socken aus, halt sie unter die Nase und wickle deinen Kopf dann in deine Jacke ein. Und jetzt dabei im Kreis gehen. Das geht, oder? Prima. Im Turm selbst kommen dann nur noch 2.000 andere Leute dazu, die dir dabei auf die Füße treten. Aber: Es lohnt sich!«

Sie werden merken, wie viel man in dieser Stadt mit umgekehrter Psychologie erreichen kann. Zusätzlich unterstützen Sie das Täuschungsmanöver mit einem Trostpflaster für den verhinderten Turmbesteiger. Dieses finden Sie praktischerweise direkt nebenan, im Souvenirladen. Dabei ist es völlig gleich, ob sie Ihren Gast mit einer Tasse, einem Poster, Unterwäsche, einer Taufkerze, einem Puzzle, mit einem tatsächlichen Pflaster oder einem Pflasterstein an diesen jetzt schon unvergesslichen Tag erinnern wollen. Die haben dort alles vorrätig, und überall ist der Dom drauf. Oder drin. Oder es stellt den Dom dar. Bei manchen der dort feilgebotenen Andenken benötigt man zugebenermaßen ein wenig Abstraktionsfähigkeit, um das Vorbild zu erkennen. Gerade das ungeübte Auge wird da im ersten Moment getäuscht. Mancher mag zunächst denken, dass die Duftkissen, Lampen und Kindermöbel einem entwurzelten Backenzahn nachempfunden sind. Aber

jeder vernünftige Mensch wird sich daraufhin die Frage stellen: Warum sollte jemand einen Kuschelzahn herstellen oder gar kaufen wollen? Der Kölner hingegen weiß: Ein Klumpen mit zwei Spitzen ist, ganz gleich ob aus Stein, Holz, Wachs oder Plüsch gefertigt, natürlich: der Dom. Und wenn es eher Zacken statt Spitzen sind: Dom. Zwei Zipfel, Dreiecke oder spitz zulaufende Fühler an einem blockförmigen Fundament: immer noch Dom. Wenn Sie sich mal zusammen mit einem Kölner außerhalb seiner Stadt befinden, können Sie sogar das Umkehrexperiment durchführen. Stellen Sie einfach zwei Gartenzwerge ins Dämmerlicht, und weisen Sie den Exilanten auf ihr hastiges Arrangement hin. Er wird sofort wohlig seufzen, Ihnen um den Hals fallen und dann ein Lied anstimmen. Jetzt wissen Sie auch, wie sie Erste Hilfe bei kölschem Heimweh leisten: einfach schnell einen Dom bauen, woraus auch immer.

Zurück aber zur Ausgangssituation, in der Sie sich mit Ihrem Gast immer noch vor dem Original befinden. Im schlimmsten Fall haben Sie den Touri immer noch nicht müde getobt, trotz eingehender Dom-Umkreisung. Nun, dann muss er eben doch rauf, bis nach ganz oben. Aber ohne Sie. Sie sagen jetzt einfach: »Okay, dann treffen wir uns später hier wieder. Ich war ja letztens erst oben.« Und wieder einmal haben Sie bestimmt nicht gelogen. Denn Sie, als Neu-Kölner, sind doch bestimmt direkt nach Ihrer Ankunft hier den Dom

EIN KLUMPEN MIT ZWEI SPITZEN IST, GANZ GLEICH OB AUS STEIN, HOLZ, WACHS ODER PLÜSCH GEFERTIGT, NATÜRLICH: DER DOM.

hochgekraxelt, oder? Als erste Amtshandlung, quasi. Vielleicht waren Sie auch zuletzt am Wandertag im siebten Schuljahr dort oben, aber spätestens jetzt wissen Sie ja: Zeit ist in dieser Stadt ein äußerst dehnbarer Begriff. »Letztens« kann letztlich alles bedeuten, genauso wie »demnächst«. Ihr Gast hingegen wird verstehen, dass Sie nicht »schon wieder« da hoch müssen, und sich klaglos allein bei den anderen Fitness-Fetischisten einreihen. So erhalten Sie endlich die Gelegenheit, zu sich nach Hause zu fahren, um Ihre Wohnung auf Vordermann zu bringen. Normalerweise reicht die Zeit sogar aus, ein Drei-Gänge-Menü zu kochen und ein Gästesofa zu schnitzen. Aber selbst, wenn Sie es nicht schaffen, auch nur die Reste vom letzten Abendessen zu entsorgen oder ihr Bett zu machen: Ihr Besuch wird, wenn Sie ihn endlich wieder auf der Domplatte abgeholt haben, so von seinen Eindrücken beseelt sein, dass ihm, angekommen in Ihrer Behausung, jeder Blick fürs Detail entgehen wird. Minuten nach seiner Ankunft wir er auf Ihre schmale Matratze in Ihrem winzigen Zimmer fallen, die kahlen Wände betrachten und seufzen: »Hach, ist das schön, wenn es endlich mal wieder nichts zu gucken gibt.« Dann wird er selig einschlummern, und Sie dürfen sich, zumindest für diesen Tag, als perfekten Gastgeber bezeichnen. Oder zumindest als Super-Imi des Tages!

Zum Schluss dieses Kapitels ein kleiner Selbsttest: Falls Sie planen, die Stadt für ein paar Tage oder Wochen zu verlassen (aus welchen fadenscheinigen Gründen auch immer), führen Sie stets einen Kalender mit sich. Und wenn Sie dann wieder nach Köln hineinfahren, werden Sie irgendwann wohlig erschauern, sobald Sie die Domspitzen am Horizont erkennen.

Notieren Sic das Datum, und sehen Sie nach, in welchem zeitlichen Abstand es zu Ihrem Umzug nach Köln liegt. Nehmen Sie diesen Zeitabschnitt dann mal 1.111. Wenn Sie dann so viele Tage, Wochen, Monate oder Jahre hier leben, können Sie endlich sagen: »Ich bin ein Kölner. In Probezeit.«

DAS BÜDCHEN

Erste und letzte Hilfe
in allen Lebenslagen

Ganz bewusst habe ich in der Überschrift den Singular ge-
wählt, obwohl es in Köln erfreulicherweise sehr, sehr viele
Büdchen gibt. Genaue Zahlen sind mir nicht bekannt, ich
schätze aber, dass es pro Einwohner mindestens
eines gibt, das 24 Stunden am Tag für ihn
geöffnet hat. Die Dunkelziffer liegt wahrscheinlich weitaus höher, und trotzdem
scheint sich das Geschäftsmodell zu
rechnen, für die Betreiber, und vor allem für Sie.

Erstes Etappenziel für jeden Zu-
gezogenen ist also, »sein« Büdchen zu finden.

Beachten Sie bitte, dass Ihr Büdchen mehr ist als ein Einzelhandel, wo Sie zu jeder Uhrzeit Kaffee, Knabberzeug oder Zeitschriften erstehen können. Viel mehr. Ihr Büdchen wird Ihnen sowohl Fels in der Brandung als auch sicherer Hafen sein. Nur dort können Sie das Vertrauen der Einheimischen gewinnen, und nur von diesem Basislager aus sollten Sie weitere Expeditionen in den Großstadtdschungel wagen. Im Büdchen werden Sie mit Klatsch und Tratsch versorgt, erhalten aber auch handfeste sowie psychologische Hilfe. Im Prinzip ist es unmöglich, dass Sie irgendwo anders als in Ihrem Büdchen neue Freunde, Seelenverwandte, Wohnungen, Jobs oder Auswege aus Lebenskrisen finden. Also versauen Sie es nicht.

Als Erstes ist es daher notwendig, dass Sie Ihren neuen Überlebensmittelpunkt stets korrekt bezeichnen, gerade im Gespräch mit Dritten. Es ist vollkommen wurscht, ob ein Kiosk in Ihrer früheren Heimat »Kiosk«, »Spätkauf«, »Späti«, »Nachttankstelle« oder »so was gab es bei uns gar nicht« heißt, in Köln heißt es »Bud«. Nur drei Buchstaben, die Sie aber unter Garantie falsch aussprechen werden, also unkölsch. Es wirkt entweder arrogant, armselig oder anbiedernd, wenn Sie in geselliger Runde vorschlagen: »Sollen wir noch an der Bud vorbei, bevor wir zur Party gehen?« Es liest sich schon grauselig, was meinen Sie, wie das dann erst klingt, für den Kölner? Korrekt heißt es hingegen: »Ich muss vorher noch zum Büdchen.«

**IHR BÜDCHEN WIRD IHNEN SOWOHL
FELS IN DER BRANDUNG ALS AUCH SICHERER
HAFEN SEIN.**

Das wirkt nicht nur grammatikalisch korrekt, sondern auch souverän. Außerdem ist der Satz logisch unanfechtbar: Sie müssen zum Büdchen, das ist keine Frage. Und zwar vor der Party. Vor dem Konzert. Vor der Jura-Prüfung. Bevor Sie vor Gericht oder dem Altar erscheinen, ob es zur eigenen Taufe oder zur Beerdigung geht: In Köln muss jeder vorher noch zum Büdchen. Und danach meist auch. Vielleicht ist es etwas zu hoch gegriffen, das Aufsuchen des Büdchens als spirituellen Akt zu bezeichnen, aber eine konsumgestützte Instant-Meditation ist es durchaus. Gesetzt dem Fall, dass Sie sich auch an folgende Büdchenbräuche halten.

Die Suche nach Ihrem Büdchen ist zeitlich und emotional nur geringfügig aufwendiger als die nach einem Lebenspartner. Um Stress und Kosten im Rahmen zu halten, gehen Sie daher am besten in Ihrer ganz direkten Nachbarschaft auf Büdchen-Brautschau. Behalten Sie stets im Hinterkopf, dass Sie bei erfolgreicher Werbung nicht nur eine einzelne Person und deren Wirkungsstätte heiraten, sondern: das halbe Veedel gleich mit. Am wichtigsten aber ist natürlich, dass Sie von Anfang an ein gutes Verhältnis zu den Inhabern bzw. Pächtern Ihres Büdchens aufbauen. Wenn Sie also an ein Büdchen herantreten, welches das Ihre werden könnte, verhalten Sie sich bitte ganz natürlich. So wie bei einem ersten Date, eben. Sprich: Sie haben in wochenlanger Vorarbeit alles über die Betreiber, das Klientel, das Warenangebot und die dort üblichen Grußformeln herausgefunden, gepaukt und gebüffelt. Sie haben sogar den vermeintlich günstigsten Zeitpunkt ermittelt, an dem Sie zu Ihrem Vorstellungsgespräch beim Chef Ihres Büdchens auftauchen wollen. Sie sind also perfekt vorbereitet, und Sie gehen los – Ihrem gesellschaftlichen Tode entgegen. Ich kann es nicht oft genug betonen. Das Schlimmste, was Sie in Köln tun können, ist: vorbereitet zu sein. Und dann auch noch perfekt. Das kann und will auch niemand hier. Was Sie für einen »guten ersten Eindruck« halten, den sie hinterlassen wollen, gilt als Affront gegenüber den braven Handelsleuten und der gesamten Nachbarschaft. Es wirkt sehr herablassend, wenn Sie beim Betreten eines Büdchens freundlich grüßen und dann direkt aufzählen, was Sie gern dort käuflich erwerben würden. Fehlerfrei und auswendig. Sie Streber! Sie gefühlskalter Egoist. Kein Wunder, dass Sie nirgends Anschluss finden, wenn es immer nur um Ihre Bedürfnisse geht, die auch noch möglichst schnell befriedigt werden sollen. In Ihrem Fall bleibt mir wohl nur, Lektion 1 zu wiederholen: Sie gehen nicht zum Büdchen, Sie müssen zum Büdchen. Und zwar zunächst in irgendeines, das auf Ihrem Wege auftaucht, und zwar dringend. Sie üben nämlich noch, und zwar nicht für, sondern im gerade stattfindenden Ernstfall.

Nehmen wir an, Ihnen ist ein Schuhband gerissen, ausgerechnet heute, wo das Wasser nach dem Duschen nicht richtig ablief und sie daher schon viel zu spät dran sind. Sie kamen kaum dazu, sich zu kämmen, außerdem verspüren Sie Hunger, Durst und Weltschmerz. Natürlich wird Ihnen bei so einem Totalausfall in JEDEM Büdchen geholfen, und zwar in allen Belangen. Aber nicht so, wie Sie es vermuten. Und

auf keinen Fall in der Geschwindigkeit, die sie anstrebten. Nein, Sie sind jetzt kurz davor, eine Audienz bei Ihrem künftigen König (oder Ihrer Königin) zu bekommen, und die erfolgt nach den Gesetzen der Herrschenden. Meist werden Sie am Eingang zum Schloss, also zum Büdchen, von den Wachen instruiert. Also der Person, die immer da sitzt oder steht und bei allem höfischen Protokoll oft eher lässig an einem Bistrotisch lehnt. Diese Person wird Sie von Kopf bis Fuße mustern. Sie lächeln ihr zu und nicken freundlich, ganz gleich, ob Sie seit drei Tagen nicht geschlafen haben oder aus offenen Wunden bluten. Nach dieser intensiven Begutachtung erfolgt ein nervenzerfetzender Trialog, der durch den Torwächter eröffnet wird. Meist wird er mit der Frage nach Ihrem werten Befinden begonnen, etwa so: »Na, Mädsche, hat disch en Löw anjefallc, so zerrupft wie de bis?« (Oder auch: »Jung, isch kenn dich nit, aber du sahst auch ma besser aus, wa?«). Sie lächeln daraufhin noch freundlicher und dürfen einen Schritt vortreten, Richtung Tresen. Dann wendet sich der Torwächter an den Büdchen-König, der wahrscheinlich einen Kaffee trinkt und Zeitung liest: »Luur ens, Jupp, dat Mädsche is von enem Löw anjefalle wurde.« Sie lächeln jetzt abwechselnd der Hoheit und dem Wächter zu. Wenn Sie das richtig gemacht haben, wird nun der König sprechen: »Ja, dat passiert den Besten, ne? Wat darf et denn sein, die Dame? Erstmal en Kaffee?« Und auch, wenn Sie gar keinen Kaffee trinken wollten oder gar niemals Kaffee trinken: Sie nicken und ergreifen erstmals das Wort. »Ja, bitte. Nen

Großen, gern.« Sie haben die erste Hürde geschafft, wenn Ihnen nun der Kaffee in eine Tasse und nicht in einen Plastikbecher gegossen wird. Während sie den ersten Schluck trinken, wird Ihnen langsam klar, dass Sie hier nicht rauskommen werden, bis es dem König gefällt. Nun wird die Wache anfangen, Sie subtil zu verhören: »Du bist ävver nit von hier, oder, Mädsche?« Achten Sie jetzt darauf, dass Sie traurig den Kopf schütteln, bevor Sie preisgeben, aus welcher Region Sie ursprünglich stammen. »Ne, leider nicht. Ich komme aus _____ .« Und völlig egal, welche Stadt oder welches Land sie nennen: Es wird einen Diskurs geben, zwischen Büdchen-Inhaber und Wachpersonal, darüber, dass es »bei Ihnen zu Hause« ja auch sehr schön sei, obschon man gleichwohl zugibt, niemals dort gewesen zu sein. Hernach werden abwechselnd die wichtigsten Exportgüter, die Klimaverhältnisse und die Mentalität Ihrer Heimat erläutert. Halten Sie sich zurück, berichtigen Sie die Experten keinesfalls, sondern warten Sie, bis der Satz fällt: »Na ja, wenichstens können se da Fußball spiele.« Daraufhin entgegen Sie: »Na ja, immerhin kann es hier ja nur aufwärtsgehen, oder?« Und dieses Bonmot passt nicht nur immer zur Situation des 1.FC Köln, sondern wird auch lachend aufgenommen. Sie sind im Spiel, endlich! Jetzt bloß nicht zu forsch werden und nach der Ware verlangen, die Sie eigentlich dort zu erstehen versuchten. Es wird Ihnen schon gesagt werden, was Sie wirklich brauchen. Diesen Part übernimmt wieder der Mensch am Bistro-Tisch. Etwa so: »Hörma, dat sind ja schöne Schuhe, die du da anhast. Aber wenn du die nit zumachst, kippst du bald da raus. Jupp, häste Schuhbänder hier? Schwarze?« Jupp wird verneinen, auch, wenn er welche im Sortiment hat. Selbst wenn Sie direkt vor

Ihrer Nase liegen, weisen Sie nicht darauf hin. Warten Sie erneut, bis der Wächter sagt: »Dann jonn ich eben nam Hannelore rüber. Den Schuh nemm ich mit, ne.«

Wenn Sie Berührungsängste haben, ziehen Sie Ihre Schuhe jetzt am besten selber aus, sonst wird Ihnen auch dabei geholfen. Die Wache verabschiedet sich jetzt also, mit Ihren Schuhen. Sie ignorieren die aufsteigende Fußkälte, denn es folgt das wichtige Einzelgespräch mit dem Chef. Er (oder sie, die dann wahrscheinlich nicht Jupp heißt) wird wahrscheinlich wissen wollen, wo Sie jetzt wohnen. So ungenau Sie bei der Frage nach Ihrem Geburtsort waren, umso präziser sind Sie nun, was Ihre Kölner Adresse angeht. Sie nennen Straße, Hausnummer und Etage. Der Büdchen-Inhaber wird nicht nur wissen, in welchem Stadtteil das liegt, sondern Ihnen auch die Namen ihrer jetzigen und ehemaligen Nachbarn nennen. In den meisten Fällen weiß er sogar über die Bausubstanz Ihres Hauses Bescheid, wird also sagen: »Ach, da, wo der Alfons mal jewont hat. Habt ihr da immer noch so Probleme, mit den Abflüssen?« Sie bejahen, Jupp wird Ihnen daraufhin entweder einen Klempner oder gleich Ihren Vermieter anrufen, um das »ein für allemal« zu regeln.

Weitere Kundschaft wird nun das Büdchen betreten, Sie werden von jedem einzelnen Kunden darauf aufmerksam gemacht, dass Sie aber tolle Socken tragen (achten Sie also stets darauf, tolle Socken zu tragen, zumindest im Winter), aber es ihm persönlich ohne Schuhe doch zu kalt werden würde. Um Sie zu wärmen, wird Ihnen vielleicht ein Schal oder Deckchen angeboten, oder man umzingelt sie einfach, bis der Wächter wieder mit Ihren Schuhen auftaucht. Die sind im Normalfall nicht nur mit neuen Schuhbändern ausgestattet, sondern frisch poliert und neu besohlt. Sie müssen ihre Fassungslosigkeit nun gar nicht vortäuschen, bedanken sich überschwänglich, erkundigen sich, wie Sie sich denn bei der Hannelore für den Service bedanken könnten. Im Plenum kommt man schließlich überein, dass das doch ganz normal sei, Sie aber mit einem schönen Blumenstrauß für die Hannelore und einem Kölsch für alle Anwesenden nichts falsch machen könnten. Sie legen einen 20-Euro-Schein auf den Tresen und lassen sich von einer Ihrer neuen Freundinnen zur Floristin gegenüber führen. Dort sucht diese sehr gewissenhaft ein geschmackvolles Gesteck für die Hannelore aus, unterstützt von der Fachkraft, die ja damals sogar mit der Hannelore zur Schule ging. Sie lauschen geduldig, und streicheln alle mit Sicherheit anwesenden Hunde, deren Namen, Stammbaum und Krankengeschichte Sie sich bitteschön merken. Jetzt, wo Sie Ihre Schuhe wieder haben, sollten Sie zum Multitasking fähig sein. Für den Blumenstrauß (Hannelore mag Rosen, aber mit viel Grün dabei, notieren Sie das!) blättern sie weitere 20 Euro hin und verabschieden sich bei den Damen. Dann erst gehen Sie »rüber« zu Hannelore, die gerade Mittag machen wollte und Ihnen in den nächsten zwei Stunden davon berichtet, wie ihr Großvater die Schusterei einst im Alleingang aufgebaut hat, obwohl der ja ein schlimmes Bein hatte. Und dass

DER BÜDCHEN-INHABER WIRD NICHT NUR WISSEN, IN WELCHEM STADTTEIL DAS LIEGT, SONDERN IHNEN AUCH DIE NAMEN IHRER JETZIGEN UND EHEMALIGEN NACHBARN NENNEN.

Sie auch zu einem leichten Senkfuß neigen, links, aber das wussten Sie ja vielleicht schon. Irgendwann werden Sie mit den Worten verabschiedet: »Und sach dem Jupp mal, dat er seine Stiefel abholen kann.« Das tun Sie natürlich nicht. Sie lösen Jupps Stiefel aus und bringen sie ins Büdchen. Dafür erhalten Sie einen Kaffee gratis, also ein Kölsch, weil ja jetzt schon vier Uhr ist.

Irgendwann gehen Sie dann leicht beschwipst nach Hause, mit ihren frisch besohlten Schuhen. An Ihrer Haustür klebt ein Zettel, der Klempner verspricht, sich schon Morgen um Ihre sanitären Anlagen zu kümmern. Und irgendwie spüren Sie, dass dieser Handwerker sein Wort hält, und falls nicht, werden Sie einfach dem Jupp Bescheid sagen. An diesem Tag haben Sie Ihre wichtigste Prüfung bestanden, für eine Gebühr von nur 50 Euro. Sie haben gelernt, dass Sie in Köln nicht Ihr Büdchen finden können. Ihr Büdchen findet Sie. Darum müssen Sie bald wieder hin.

**IHR BÜDCHEN
FINDET SIE.**

KÖLSCH I

Die Sprache: Grammatik nach Jeföhl,
Vokabeln mit Hätz

Eine Fremdsprache lernt sich am leichtesten, wenn man im Kleinkindalter von dieser umgeben wurde. Und angeblich fallen Sprachbarrieren bei Erwachsenen am schnellsten, wenn man zusammen mit Muttersprachlern in geselliger Runde Alkohol konsumiert. Ob man sich an das Gelernte im nüchternen Zustand noch erinnern kann, steht auf einem anderen Blatt, sicher aber ist: Kölsch klingt im ersten Moment so, als hätten sich betrunkene Kinder diesen Dialekt ausgedacht. Im zweiten Moment – immer noch. Erst nach einigen Jahren werden Sie feststellen, dass es durchaus Muster in der unübersichtlichen Lautverschiebung gibt. Die Ansätze einer rudimentären Grammatik scheinen Ihnen endlich greifbar – dann versuchen Sie mutig, Ihre gesammelten Erkenntnisse in einen vermeintlich kölschen Satz zu packen, vielleicht wollen Sie in einer Kneipe ein Getränk ordern: Und werden dann von allen angeschaut, als hätten Sie gerade ein Rudel pinkfarbener Giraffen mit Sahne bestellt. Was Sie wahrscheinlich auch getan haben. Die gute Nachricht: Sie werden überall in der Stadt verstanden, wenn Sie hochdeutsch sprechen. Die schlechte: Es entgeht Ihnen eine Menge, wenn Sie die Kölner Mundart nicht einmal ansatzweise verstehen. Aber es gibt ein paar Tricks, wie Sie dieses Kunststück vollbringen, ohne dabei Ihre Leber zu ruinieren.

Zunächst vergessen Sie einmal alles, was Sie über das Lernen gelernt haben. Lassen Sie einfach los, und erwarten Sie keinen linguistischen Zugewinn von der kölschen Sprache, sondern eine Reduktion aufs Wesentliche. Das Vokabular ist so begrenzt wie die Themenfelder. Sämtliche überflüssige Verben wurden gestrichen, also alle außer »machen« »haben« und »sein« bzw. »maache«, »han« und »sin«. Kölner sind immer aktiv, sie lieben es, zumindest sprachlich, etwas zu«maache« oder zu »don«, also, zu tun. Sie können sogar beides gleichzeitig. »Ich doh Spiegelei maache« klingt doch viel aktiver, als ein Ei in die Pfanne zu hauen, oder? Mit viel Liebe lässt sich behaupten, dass einige Wörter aus einem frankophilen Anfall entstanden sind, aber entweder zur Unkenntlichkeit genuschelt oder einfach geradewegs falsch eingesetzt wurden. So steht das kölsche »de« keinem Adelstitel voran, sondern wurde zum bestimmten Artikel im Plural degradiert, während das französische Wort für »und« also »et« der bestimmte, kölsche Artikel für »das« ist. Und weil es normalerweise »das Mädchen« heißt, tragen im Kölschen alle weiblichen Vornamen den Artikel »et«, wie um zu erläutern, dass es sich bei der erwähnten Person um eine Institution handelt. So bedeutet »de Pänz« nichts weiter als »die Kinder« und »et Marie« ist ganz schnöde: Marie. Aber eben »das Marie, also »die Marie«. Sie wissen schon, welche, oder? Nicken Sie einfach, als fänden Sie es nicht nur völlig nachvollziehbar, dass »Kinder« hier »Pänz« (Singular: Panz) heißen, sondern auch, als ob Sie genau wüssten, um welche Marie es sich handele, und was ihre Kinder grad treiben. Auch haben die Kölner etwas im Englischen entdeckt, was ihnen sehr gut gefiel, aber aus unerklärlichen Gründen noch nicht im Deutschen vorrätig war: die Verlaufsform! Gut, dass da etwas Kölsches gebastelt werden konnte. Das lässt zwar alle Grammatikfüchse aufjaulen, aber manchmal muss man eben mit der groben Axt dran, um das Präsens in zwei Teile zu spalten! So besteht natürlich ein Unterschied zwischen den Aussagen: »Ich doh Spiegelei maache« und »ich bin grad am Spieglei maache«. Dieser offenbart sich Ihnen auf zeitlicher Ebene aber erst dann, wenn Sie das Ei serviert bekommen, oder ob überhaupt. Mit Behelfsübersetzungen aus dem Englischen wird es dafür noch komplizierter. Die kölsche Handhabung der Grammatik wirkt in gewissen Fällen nicht nur inkonsequent, sondern geradezu erschüt-

KÖLSCH KLINGT IM ERSTEN MOMENT SO, ALS HÄTTEN SICH BETRUNKENE KINDER DIESEN DIALEKT AUSGEDACHT.

ternd bildhaft. »Still loving you« klingt, egal ob man das Lied mag oder nicht, einfach 1.000 Mal schöner als: »Ich bin dich immer noch am lieben.« Diskutieren Sie also niemals mit Kölnern über den Gebrauch von Verben und Zeiten, sondern hören Sie einfach weg, wenn Sie diese nach Herzenslust wild kombinieren, und braten Sie sich derweil ihr Spiegelei selbst, und zwar so, wie sie es lieben, nämlich warm und gar.

Außerdem mögen die Kölner nur positive Adjektive, wie zum Beispiel »schön«. Wenn der Kölner hingegen ein negatives Attribut verwenden muss, werden dafür keine speziellen Wörter herangezogen, sondern schlicht ein »nit« vorangestellt. Und auch wenn Sie jetzt denken sollten, dass das sprachlich doch ungelenk, hölzern oder gar hässlich anmutet, stellen Sie sich folgende Frage: Drücken die Worte »dat is nit schön« Ihre Empfindungen gegenüber der Konstruktion »nit schön« nicht viel besser aus? Eben. Is dat nit schön?

Kölsche Höflichkeit besteht darin, scheinbar nicht dauernd von sich selbst zu reden, obwohl jeder genau das tut, und gleichzeitig das lästige Konjugieren zu vermeiden. So existiert fast ausschließlich die zweite Person Singular, also »du« bzw. »do«. Sie können das im Gespräch mit Kölnern natürlich halten, wie Sie wollen oder, kölscher gesagt: »Kannst do maache, ich tu dich schon verstehn.« Ja, die Kölner verstehen alles, akustisch und inhaltlich, außer vielleicht, wie irgend-

VERMEIDEN SIE BEI JEDEM GESPRÄCH REIZTHEMEN, ALS DA WÄREN: SÄMTLICHE KAPITEL DIESES BUCHES – UND DEN BUCHSTABEN »G.«

welche Eltern darauf kommen konnten, ihr Kind Gisela, Gerti oder gar Georg zu nennen. Das »G« ist für Kölner der Lord Voldemort unter den Buchstaben. Sie verachten diesen Konsonanten noch mehr, als sie ihr geliebtes »Jot« vergöttern. Beziehungsweise »verjöttern«.

Ein »Jot« kann somit, genau wie ein weiches »Sch«, nahezu jedes »G« ersetzen, aber auch willkürlich in Worte eingebaut werden, um sie noch unverständlicher, oder, wie die Kölner wahrscheinlich sagen würden »präschtijer« zu machen. Die einzige bekannte Ausnahme, in der das »G« tatsächlich wie ein solches ausgesprochen wird, ist übrigens »Jung«. Wahrscheinlich konnte dieses Äquivalent zum hochdeutschen Substantiv »Junge« bestehen, weil erstens das schützende »J« am Anfang steht und es zweitens verdeutlicht, dass immer der Ton die Musik macht. So existiert einerseits keine höhere Auszeichnung für einen männlichen Eingeborenen, als die, »ne kölsche Jung« genannt zu werden. Andererseits sollte jeder gewarnt sein, wenn es heißt »pass op, Jung«. Diese Worte kündigen entweder eine Belehrung über das Leben an sich oder die Beendigung der verbalen Kommunikation an. Beides kann äußerst langwierig und schmerzhaft sein, also vermeiden Sie bei jedem Gespräch Reizthemen, als da wären: sämtliche Kapitel dieses Buches – und den Buchstaben »G«.

Am besten fahren Sie tatsächlich, wenn Sie sich jede Woche ein Substantiv vornehmen und versuchen, dieser verwursteten Buchstabenfolge nach und nach Toleranz, vielleicht sogar Empathie zukommen zu lassen. Sicher, viele Wörter sind so verunstaltet, dass nur ein Muttersprachler sie lieben kann.

Warum, werden Sie sich fragen, machen die hier aus dem kurzen, aber lebenswichtigen Wort »Herz« auf einmal »Hätz«? Wahrscheinlich, weil das kölsche »Hätz« eben doch schneller pocht als ein restdeutsches Durchschnittsorgan, es leichter entflammt und der ihm eigene Rhythmus für andere bedenklich holprig erscheint. Wundern Sie sich auch nicht, dass der größte deutsche Fluss, von dem Sie mal gelernt haben, dass es »der Rhein« ist, hier natürlich anders heißt, nämlich: »Rhing« oder auch »Ring«. Die Schreibweise ist wirklich das Letzte, um das Sie sich Gedanken machen sollten – hauptsache, Sie wissen, »den Ring« von »den Ringen« zu unterscheiden, also von den Hauptverkehrsadern der Stadt, auf denen Sie jeden Tag stundenlang mit dem Auto feststecken können, obwohl Sie eigentlich zum »Ring« wollten. Mein Tipp: Gehen Sie zu Fuß zum Fluss. Denn nur bei einem Spaziergang durch die Stadt werden Sie auf die sprachlichen Juwelen stoßen, die Ihr neuer Wohnort für Sie bereithält. Unvergessen bleibt mir da zum Beispiel der laue Sommertag, an dem ich einen Spielplatz passierte, kurz innehielt und den Familien zusah, wie sie den Tag genossen: Die Kleinen aßen oder bewarfen sich mit Sand, schaukelten, wippten, oder rutschen fröhlich. Die Eltern betrachteten mit Stolz und Freude ihren Nachwuchs, wenn sie nicht gerade auf ihre Mobiltelefone starrten bzw. »am auf et Handy gucken dran ware«. Allein ein einzelner Vater versuchte, sein Töchterlein zum Aufbruch zu bewegen. Die Kleine bockte, wollte wohl noch verweilen

**HAUPTSACHE, SIE WISSEN, »DEN RING«
VON »DEN RINGEN« ZU UNTERSCHEIDEN.**

und hielt sich an einem Spielgerät fest, dass schon zu meiner Kinderzeit von Freund und Feind gefürchtet wurde: die Drehscheibe. Der Vater seufzte kurz und kölsch auf und stellte sein Kind dann vor eine Entscheidung: »Pass op, Julchen: Entweder kauft der Papa dir gleich auf dem Weg noch ein Eis ODER du jehst jetzt noch aufs Kotzmöhlche. Beides jeht nit!«

Julchen verstand sofort, entschied sich für das Eis und ging. Bei mir dauerte es etwas. »Kotzmöhlche«? Das klang schon ein bisschen … ekelhaft. Aber auch wesentlich besser, ja ehrlicher als » Drehscheibe«. Was für ein jämmerlicher Euphemismus, der Kinder auch nur unzureichend vor den Gefahren der routierenden Foltermaschine warnt. Während ich weiterging, versuchte ich mich an einer Übersetzung ins Hochdeutsche: »Brechmühle«? Nein, zu harmlos, und missverständlich. »Reiherreigen«? Wie arg bemüht! Nein, ein »Kotzmöhlche« ist und bleibt eben ein »Kotzmöhlche«. Und nur in den Ohren eines kölschen Kindes wird diese Wortschöpfung aus harten Tatsachen und weichem Abgang so klingen, dass es noch Appetit auf Eis hat, nachdem es ausgesprochen wurde. Mir hingegen war für den Rest des Nachmittags noch leicht blümerant zumute. Aber vielleicht lag es auch daran, dass ich endlich den Anflug des Zaubers entdeckt hatte, der der kölschen Sprache innewohnt: Da ergeben manchmal 1.000 Sätze keinen Sinn, aber ein einzelnes Wort kann eine ganze Welt aufmachen. Oder zumindest zwei Mahlzeiten ersetzen.

KÖLSCH II

Das Getränk: Wie Sie sich selbst bei der Stange halten

In vielen Kulturen gilt das Kredenzen von berauschenden Substanzen an Gäste von jeher als Grundstein der freundschaftlichen Annährung. Die Ablehnung der jeweiligen Traditionsdroge ist daher nicht nur extrem unhöflich und respektlos, sondern verhindert weitere Koalitionen auf beruflicher, politischer und privater Ebene nachhaltig. Wenn Sie also beschlossen haben, in einem bestimmten Winkel unseres Planeten zu leben, sei es auch nur für eine gewisse Zeit, müssen Sie über Ihren Schatten springen, Ihre Ressentiments überwinden und gegebenenfalls Ihre Geschmacksnerven kurzfristig ausknipsen. Diese Verhaltensregeln gelten selbstverständlich auch für Kölsch, den flüssigen Hybrid zwischen Aufmerksamkeit und Zumutung. Immerhin: Der Willkommenstrunk wird nicht in Eimern, sondern überschaubaren Reagenzgläsern gereicht, daher sollte Ihnen die Einhaltung des oben beschriebenen globalen Ehrenkodex relativ einfach gelingen. Zumindest, sofern Sie nicht zu einer der folgenden Personengruppen gehören:

1. Sie trinken generell keinen Alkohol.
Sollten Sie zu dieser Gruppe zählen, seien Sie sich meiner persönlichen Hochachtung bewusst. Und zwar völlig egal, wann und aus welchen Gründen Sie zu der Entscheidung gelangt sind, abstinent zu leben. Leider wird Ihnen in Köln meine Meinung nichts nutzen. Dennoch können Sie in dieser Stadt überleben, wenn Sie Ihre Charakterstärke mit ein wenig Trickserei verbinden. Leider gilt als einzige Ausrede, um nicht in geselliger Runde ein paar Kölsch zu zwitschern, eine bestehende Schwangerschaft. Allerdings wird erwartet, dass Sie ab und an Ergebnisse, also einen frischgeschlüpften Säugling präsentieren. Dieser Weg ist also nur gangbar, wenn Sie tatsächlich alle paar Jahre ein Kind gebären können und wollen. Deswegen empfehle ich generell die vorbereitungsintensivere, aber letztendlich leichtere Methode. Treffen Sie zu gesellschaftlichen Ereignissen stets eine halbe Stunde zu spät ein, entschuldigen Sie sich bei den Anwesenden unaufgefordert mit einer Runde Kölsch, erheben Sie alsdann Ihr Glas – und stellen Sie es auf der Theke ab. In der Zeit, in der Sie nun alle per Handschlag/ Umarmung/Bussi begrüßen, wird Ihr Kölsch schal, und jeder wird verstehen, dass Sie es nun nicht mehr trinken

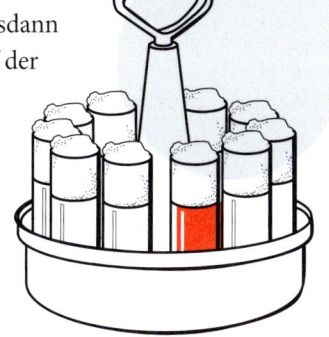

wollen. Und zwar völlig egal, ob Sie derweil 200 oder nur drei Menschen begrüßt haben, von welcher Marke das Gebräu stammt, ob es frisch gezapft wurde oder aus der Flasche stammt. Sie müssen diesen einen, tröstlichen Gedanken immer im Hinterkopf behalten: Ganz gleich, wie sehr Sie Alkohol verabscheuen, Kölsch ist das menschlichste unter den Getränken – es ist sein eigener größter Feind. Und wird damit zu Ihrem Verbündeten. Denn auch wenn es in sehr kleinen Portionen daherkommt, es wechselt seinen Zustand von »gerade noch trinkbar« zu »objektiv vollkommen ungenießbar« binnen Sekunden. Trotzdem kann es sein, dass Sie den Vorgang pro Abend zwei bis zehn Mal wiederholen müssen, damit die Gesellschaft Ihren Bluff nicht bemerkt. Das kann ins Geld gehen und aufs Gemüt. Zumindest haben Sie auf diese Weise jederzeit Gelegenheit, die Wahl Ihres neuen Wohnortes nüchtern zu überdenken.

2. Sie trinken gern mal einen. Oder auch zwei. Dafür öfter.
Falls Sie zu den Menschen gehören, deren Alkoholkonsum aus medizinischer Sicht bisher als »überdurchschnittlich« galt: In Köln wird er sich höchstwahrscheinlich in »alarmierend« ändern, und zwar noch schneller, als ein Kölsch die Kohlensäure verliert. Denn hier wird jeder freudige Anlass mit der lokalen Spezialität befeuchtet. Und jeder traurige ebenfalls. Allzu trügerisch sind morgendliche Gedanken wie: »Das waren zwar acht Gläser gestern – aber nur gaaanz kleine!« oder »Im Prinzip habe ich ja gar nichts getrunken – sondern inhaliert.«

Mein Rat: Hören Sie auf zu denken, und gehen Sie morgens verkatert vor die Tür. Und stellen Sie dort fest, dass jeder Passant Sie freundlich, ja überschwänglich grüßt. Nur eben nicht namentlich. Für solche Details wie eine Vorstellungsrunde war in der letzten Nacht eben keine Zeit, dafür helfen Ihnen Ihre neuen, besten Freunde, andere Erinnerungen an den doch sehr lustigen Kneipenabend aufzufrischen. Laut Berichterstattung, die sich mit dem Grad Ihrer Kopfschmerzen deckt, haben Sie wohl keine acht Kölsch getrunken, sondern eher zwölf. Gehen Sie also davon aus, dass es mindestens 14 waren. Sie bedanken sich also höflich für die Information. Dann schlagen Sie freundlich aber bestimmt die Einladung aus, an Ort und Stelle dort anzufangen, wo Sie gestern aufgehört haben. Oder: Sie gehen freudig darauf ein. Und vergessen so in wenigen Wochen Ihren eigenen Namen. Wenn Sie es jedoch vorziehen, diesen (genau wie Ihre Arbeit und Ihre Wohnung) bis auf Weiteres zu behalten, tun Sie das, was angeblich niemand tut: Zählen Sie mit. Das gilt sowohl für gesellschaftliche Anlässe, denen Sie in Köln beiwohnen, als auch für die Kölsch, die Sie dort trinken. Sollten Sie diese Aufgabe nicht mehr bewältigen können – fliehen Sie weit und schnell.

3. Sie trinken ab und zu ein Gläschen. Nur halt kein Bier.

Es könnte schwierig werden für Sie, in der Domstadt. Sicher, es mag hier Festivitäten geben, bei denen auch andere alkoholische Getränke angeboten werden. Vielleicht eine Whiskey-Verkostung im kleinen Kreise oder eine katholische Messe. Selbstverständlich wird auch bei Filmpremieren, zum Pferderennen oder bei Hochzeiten Sekt gereicht – allerdings entweder vor, nach oder zum Kölsch. Ernsthaft: Weder bei einem Abend im Theater noch einem Grillfest im Schrebergarten werden Sie schräg angeschaut werden, wenn Sie zum Beispiel Wein bevorzugen. So höflich sind die Kölner dann doch, dass Sie sich erst hinter Ihrem Rücken das Maul über Sie zerreißen. Trotzdem finden Sie natürlich in nahezu jeder Kneipe eine Weinkarte. Diese wird jedoch gewöhnlich übersichtlich sein, sprich, in den Lokalfarben gehalten sein: Sie haben die Wahl zwischen Rot und Weiß.

Um in Köln die Spirituosen zu sich zu nehmen, die Sie tatsächlich bevorzugen, können Sie eigentlich nur Folgendes tun: Sich als Experte für Gin, Wodka, Whiskey oder einen speziellen Schnaps hervortun, was nicht weniger heißt, als dass Sie ein Experte werden und dann ein Fachgeschäft betreiben müssen. Oder eine Brennerei eröffnen, zumindest eine Cocktailbar, vielleicht auch nur ein Festival ins Leben rufen, bei dem dieses oder jenes gegorene Obst oder fermentierte Getreide kurz und heftig gewürdigt wird. Wichtig dabei ist, dass Sie die Kölner dabei einbeziehen, das heißt sie einerseits an Ihrer Idee mitverdienen lassen und andererseits nicht die Augen verdrehen, wenn diese dann vor Ort doch Kölsch bestellen – oder sicherheitshalber welches mitbringen. Sie merken, dass dieses Modell Fallstricke birgt. Und dazu verleiten kann, dass Sie daraufhin direkt in der Risikogruppe 1 oder 2 landen. Wenn nicht sogar in der wirklich gefährlichen Kategorie 4, nämlich:

CHARAKTERLOSE, OBERGÄRIGE PLÖRRE, DIE HIER WIE EINE KÖNIGIN DES BRAUWESENS VEREHRT WIRD, OBWOHL SIE NICHT MAL EINE SCHAUMKRONE TRÄGT.

4. Sie trinken gern Bier. Also: richtiges, echtes Bier.

Jetzt wird es heikel. In Ihrem bisherigen Leben galten Sie als Vorbild für Jung und Alt: Sie sind geselliger Biertrinker, bestellen an jedem Tresen Ihre Lieblingsmarke und können doch, was Ihren Alkoholkonsum betrifft, Maß(krug) halten. Mit diesen Voraussetzungen sind sie anderswo für ein Staatssamt prädestiniert, die Türen der Politik stehen Ihnen bis zu einer gewissen Etage offen, denn Sie sind: bodenständig, glaubwürdig und nur ganz selten volltrunken. In Köln hingegen wirken Sie auf die Eingeborenen: provinziell. Etwas verstockt. Nicht gerade weltgewandt. Und all das, weil die Kölner Ihnen (noch) nicht zutrauen, dass Sie die wahren Zusammenhänge ganz und gar verstanden haben. Also jene zwischen Mensch und Bier. Und mit Letzterem meinen sie tatsächlich ihr geliebtes Kölsch, also diese, wie Sie wahrscheinlich denken, charakterlose, obergärige Plörre, die hier wie eine Königin des Brauwesens verehrt wird, obwohl sie nicht mal eine Schaumkrone trägt.

Natürlich ist es überflüssig, Sie darauf hinzuweisen, dass Sie diese Gedanken niemals laut aussprechen werden. Wenn Sie nicht automatisch in die Kategorie 5 versetzt werden wollen, also zu jenen Leuten, die es schwer haben werden, in Köln zu leben, weil Sie gerade eines unnatürlichen Todes gestorben sind.

Dann ist es schon ratsamer, sich bei gelegentlichen Ausflügen in die Kneipen Kölns das Pils Ihres Vertrauens zu bestellen. Wenn Sie dies leise und diskret tun, wird es Ihnen mit einem mitleidigen Lächeln aus dem Kühl-

schrank gereicht, und Sie dürfen Ihre gut gekühlte, herrlich erfrischende Hopfenbrause genießen. Langsam und von außen betrachtet in durchaus netter Gesellschaft. Denn wenn Sie sich einmal deutlich distanziert haben, bleiben die Kölner ebenfalls auf Abstand. Sie prosten Ihnen sogar vielleicht vom anderen Thekenende aus zu. Aber das wird das höchste der Gefühle bleiben, wenn Sie für immer auf dem beharren, was mit Fug und Recht als Bier bezeichnet wird. Aber bestimmt ahnen Sie schon, was Ihnen blüht, nach einiger Zeit: Richtig, Sie werden heruntergestuft. Sie werden nirgendwo in dieser Stadt als Imi durchgehen, denn Sie versuchen ja nicht einmal, sich zu tarnen. Oder sich wie ein Tourist zu benehmen. Sie werden allein in einer düsteren Zwischenwelt verweilen. Oder umziehen müssen.

Und ganz egal, in welchem dieser erbarmungswürdigen Zustände Sie sich nach ein paar Wochen wiederfinden werden, eine Frage wird sie auf Ewigkeiten beschäftigen, nämlich diese: »Wie halten die Kölner das denn nur aus? Sind die alle immer den ganzen Tag betrunken, und wenn ja: warum ausgerechnet von … Kölsch?«

Und bevor sich diese ständige seelische Qual in auswegslosen Selbsthass verwandelt, tun Sie besser Folgendes: Gehen Sie durch die Hölle, und zwar nüchtern. Ja, ich spreche von dem dunklen Ort, in dem sich all die verdammten Kreaturen winden, bei schummriger Beleuchtung schwitzen, das ganze

GANZ GLEICH, WER WELCHE SÜNDE BEGANGEN HAT, ALLE ERHALTEN DIESELBE STRAFE: KÖLSCH.

katholische Gesamtpaket, mit dem typisch mittelalterlichen Flair. Sie werden in Köln nicht lange nach einem Nebeneingang in diese Unterwelt suchen müssen: Sie ist deutlich gekennzeichnet und mit »Brauhaus« beschriftet. Früher oder später finden Sie sich sowieso vor einem wieder, und nein, es kommt nun nicht darauf an, ob Sie allein durch den Schlund ins Dunkle tauchen oder ob Sie Gefährten mit auf Ihre Reise nehmen. Denn im Inneren sind alle gleich. Drinnen gibt es keine Arbeitskollegen, Fremde, Freunde, Einheimische oder Touristen mehr. All die Gepeinigten und Getriebenen werden von demselben betäubenden Geruch eingenebelt, und ganz gleich, wer welche Sünde begangen hat, alle erhalten dieselbe Strafe: Kölsch. Aber die wahre Folter besteht darin, dass niemand weiß, wann er sein erstes Gläschen erhalten wird. Dies liegt allein in der Hand des Teufels, der hier »Köbes« heißt. Natürlich gibt es in jeder Fegefeuer-Dependance gleich mehrere von ihnen, schließlich will hier niemand nur Lektionen in Demut erteilen, sondern auch daran verdienen. Man könnte die Männer mit den strengen Gesichtszügen und den Bauchtäschchen also durchaus mit Schankpersonal, ja Kellnern verwechseln. Auch erinnern einige von Ihnen in ihrem Gebaren an schlecht gealterte Messdiener, aber bedenken Sie stets: Sie werden in einem Kölner Brauhaus nicht bedient, Sie werden behandelt. Und das oft ruppig. Die Köbesse sind Dämonen und Exorzisten zugleich, und jeder von ihnen hat ein sehr feines Gespür dafür, wann Ihr Durst unerträglich wird. Und Sie lassen Sie lechzen nach: verdammtem Kölsch. Bevor Sie den bitteren Trank aber in Ihren Händen halten, werden sie schroff zurechtgewiesen. Wo immer Sie auch einen Platz ergattert haben, Sie sitzen am falschen Tisch. Da bekom-

 men Sie kein Kölsch, nein, nicht von dem Teufel, der Sie grad grußlos angemeckert hat. Und wenn Sie fragen, wohin Sie sich denn bitte setzen sollen, erschallt garantiert ein: »Auf den Hintern!« Dann hilft Ihnen nur, zu lachen, laut, aber nicht allzu manisch. Sie sind hier Gast und nicht der Chef. Und endlich, endlich wird Ihnen das winzige Gläschen nun auf den Tisch gedonnert. Die Hälfte schwappt dabei über den Rand, der Köbes notiert, mal im Kopf, mal auf dem Deckel, wie viel Sie Ihm nun schulden. Dann geht er, er hat noch andere Gäste anzupflaumen. Sie aber trinken den ersten und gleichzeitig letzten Schluck aus dem Glas. Falls es nach irgendetwas schmecken sollte, ist Ihnen das gerade völlig egal. Denn jetzt sollte Sie, ganz egal, an wen oder was Sie glauben oder nicht, eine Epiphanie ereilen. Sie blicken durch den Raum, und er scheint Ihnen auf einmal ganz anders. Entweder wie in Gold getaucht oder wie von Pech überschüttet. Die Menschen sind nun heiter und zugänglich oder bedauernswerte Existenzen, allesamt. In diesem Moment werden Sie die essenzielle, die einzige Frage an sich selbst stellen, nämlich: »Will ich noch ein Kölsch?« Bitte beachten Sie: Diese Frage wird Ihnen nicht vom Köbes gestellt werden, und Ihr Verstand kann sie nicht beantworten. Das wird von Ihrem Körper übernommen. Und je nachdem, aus was für einem Holz Sie geschnitzt sind, legen Sie nun vollautomatisch den Deckel über Ihr Glas, fast so, als würden Sie den Sargdeckel über Ihr Leben in Köln legen. Und hauen ab. Vielleicht

zahlen Sie sogar noch, aber falls nicht, der Schwund ist einkalkuliert. Falls Ihre Hand jedoch entscheidet, dass Sie, zurück an der Oberfläche, das Wagnis Köln und Kölsch nun doch ernsthaft eingehen wollen, dann wird diese das geleerte Glas auf den Tisch zurückstellen. Und der Köbes knallt Ihnen ein neues auf den Tisch. Damit haben Sie einen Vertrag unterschrieben. Sie gehören jetzt der Stadt Köln, offiziell. Dies schließt ein paar Verbindlichkeiten mit ein, wie etwa das Begleichen der Zeche sämtlicher Menschen, mit denen Sie an diesem Abend geplaudert haben, so wie auch dem sofortigen Mitschunkeln, sobald ihr Sitznachbar rhythmisch zuckt. Dies gilt natürlich sowohl vor Ort, als auch für immer. Sei es in einer gastronomischen Einrichtung, in der Straßenbahn oder im Wartezimmer eines Arztes. Selbst wenn jemand nur hustet, singen Sie sicherheitshalber »Viva Colonia«, um ihn zu unterstützen. Außerdem ist jenes Kölsch, dass Ihnen an diesem Abend serviert wurde, fortan Ihr Lieblingskölsch. Lieblingskölsch – ein merkwürdig anmutendes Kompositum, ein verbaler Wolpertinger gar, denken Sie jetzt? Ich rate Ihnen: Verneigen Sie sich vor diesem Zauberwort, Lieblingskölsch, tätowieren Sie sich notfalls seinen Markennamen an eine gut sichtbare Körperstelle, huldigen Sie dem Braumeister und schicken Sie seinen Nachfahren Blumen und Gebäck, denn: »Lieblingskölsch« ist Ihr wahrer Ausweg aus der Misere, Ihr Anker, Ihre Rettung vor dem Abstieg.

»LIEBLINGSKÖLSCH« IST IHR WAHRER AUSWEG AUS DER MISERE, IHR ANKER, IHRE RETTUNG VOR DEM ABSTIEG.

Denn wenn Sie aus der Hölle emporsteigen, was wahrscheinlich früh am nächsten Morgen der Fall sein wird, sind Sie, bewaffnet mit dem Markennamen Ihres neuen »Lieblingskölsch« nun ein edler Ritter (oder eine Ritterin) des geheimen Ordens, also Mitglied der Gruppe 6. Zu jenen zählen Kölner und Imis, die Ihr Leben auf die Kette kriegen, ohne dem Suff zu verfallen oder geächtet zu werden.

Von nun an können Sie nämlich zu einer Betriebsfeier, einer Geburtstagsparty oder in eine beliebige Kneipe gehen und auf die Frage, ob sie »noch ene mit drinke« je nach Tagesform sagen: »Sicher, die haben hier ja lecker _____ (hier bitte den Markennamen des »Lieblingskölsch« einsetzen) vom Fass«, oder eben: »Ach, nee, die haben hier ja leider kein _____ (siehe oben).« Das wird man verstehen. Natürlich nicht ganz ohne Erklärung, also lernen Sie die typischen/eingebildeten Charakteristika Ihres neuen Lieblingskölsch auswendig, schwärmen sie, aber übertreiben Sie nicht dabei (Beispiel: »süffig«, herb«, »malzig« und »lecker« gehen immer, wohingegen ein Ausdruck wie »perlend« oder »edel« Sie als Hochstapler entlarven wird). Sie beenden Ihren Sermon mit einem traurigen: »… seitdem schmeckt mir einfach kein anderes Kölsch mehr.« Als wahrer Fuchs oder echte Fähe können Sie sich natürlich im Vorfeld darüber informieren, welche Marke wo serviert wird, und so bewusst Ihren Konsum steuern. Sie können sogar, nach ein paar Jahren, Ihr Lieblingskölsch wechseln, also auf eine andere Marke umschwenken. Dann verfügen Sie auch stets über Gesprächsstoff und müssen insgesamt weniger von dem Zeug schlucken. Irgendwann können Sie sogar wieder laut und selbstbewusst ein echtes Pils bestellen. Denn Sie haben ja

Charakterstärke bewiesen, all die Jahre. Ob dieses Ihnen überhaupt noch schmeckt, steht auf einem anderen Blatt.

Aber ja, Sie ahnen es: Mindestens einmal im Jahr müssen Sie zurück ins Brauhaus, um dem Teufel Tribut zu zollen beziehungsweise Ihre ganz private Kirchensteuer zu berappen. Vielleicht ist die Formulierung »Ablassbrief« für das Zahlen des Deckels dort etwas altertümlich, aber trotzdem treffend. Sie können den Vorgang auch als eine Art persönlichen TÜV sehen oder als fast freiwillige Selbstkontrolle: Verkraftet Ihr Motor den Treibstoff noch? Und wenn ja, wie viel? Und wenn Sie merken, dass Sie nun wirklich, wirklich nicht noch eins von Ihrem »Lieblingskölsch« vertragen: Fangen Sie an zu schunkeln. Dabei lässt sich viel verschütten. Völlig unabsichtlich, natürlich. Übrigens gab es in der Geschichte der Kölner Brauhäuser bisher nur eine Person, die es geschafft hat, an der Autorität des Köbes zu rütteln und diesen für anderthalb Sekunden sprachlos zu machen.

Als meine Eltern mich nämlich kurz nach meinem Umzug in die einzig wahre Stadt besuchten, kehrten wir nach einem Spaziergang am späten Nachmittag in ein innenstädtisch gelegenes Brauhaus ein. Da meine Eltern weit gereiste und anpassungsfähige Menschen sind, überließ ich ihnen das Ruder. Wie man es als Kind seiner Eltern halt tut. Denn wie allen Eltern dieser Welt ist es auch meinen egal, ob man drei oder 30 Jahre alt ist, sie sind auf jeden Fall länger auf der Welt

SIE KÖNNEN DEN VORGANG AUCH ALS EINE ART PERSÖNLICHEN TÜV SEHEN ODER ALS FAST FREIWILLIGE SELBSTKONTROLLE.

und lassen sich von ihren Kindern nichts sagen, geschweige denn erklären. Zugegeben: Als der Köbes mit seinem Kölschkranz unseren Tisch ansteuerte, überkam mich schon eine gewisse Vorschadenfreude. Würde er zunächst meinen Vater anpampen oder meiner Mutter erklären, dass es hier keine Weißweinschorle gäbe? Und wie lange würden daraufhin die Münder meiner Altvorderen offenstehen? Aber dann tat meine Mutter das, was noch nie ein Mensch gewagt hatte: Sie nahm eigenhändig ein Kölschglas aus dem Kranz des Köbes, leerte es in einem Zug, nickte höflich und ließ den verdatterten Mann wissen: »Das geht in Ordnung. Davon nehmen wir zwei.« Dann, an mich gewandt, die natürlich als einzige mit schreckgeweitetem Mund am Tisch saß: »Das finde ich gut, mit diesen Probiergläschen.« Der Köbes machte eine Art Verbeugung in Richtung meiner Mutter und flüsterte mir im Rückwärtsgehen zu: »Mädsche, wie schafft man dat, wenn die Mutter so ene Komikerin vorm Herrn ist?« Ganz klar eine rhetorische Frage, trotzdem möchte ich sie jetzt beantworten: Na ja, ich versuche, in ihre Fußstapfen zu treten. Aber es ist natürlich schwer, in Köln, bei der Konkurrenz.

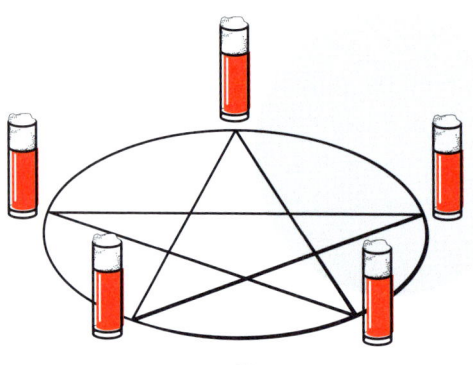

VERKEHR

Wie gelange ich
von A nach B?

Generell gilt: Bevor Sie sich auf den Weg machen, um ein Ziel innerhalb der Stadt zu erreichen, fragen Sie sich bitte: Muss ich da wirklich hin? Natürlich sind ein fester Arbeitsplatz, die eigene Hochzeit und dringende Arzttermine (wie etwas das Einsetzen der Wehen) verständliche Gründe, um sich auf die Socken zu machen. Aber sonst? Entweder liegen die Geschäfte des täglichen Bedarfs fußläufig, oder Sie schaffen sich eine große Gefriertruhe an. Wenn Sie ein Klappbett darüber anbringen, passt die bequem auch in die kleinste Hütte. Außerdem kommt einmal im Jahr ein Notversorgungskonvoi mit Lebensmitteln, kleinen Haushaltshelfern und Hygieneprodukten auch in Ihrer nächsten Nachbarschaft vorbei (siehe Kapitel »Karneval/Veedelszoch«). Dabei werden zu dieser

Gelegenheit sinnvollerweise tatsächlich Topfreiniger, Brillen-putztücher und teilweise essbare Lebensmittel geworfen. Zu-sätzlich kann diese Veranstaltung als Textiltauschbörse ge-nutzt werden. Sie müssen Ihre Straße also niemals verlassen! Und falls Sie eine Idee haben, wie die Welt noch zu retten ist: Dafür gibt es das Internet! Schicken Sie Ihre Vorschläge ein-fach auf elektronischem Wege an die entsprechende Adresse. Falls diese dann Anklang finden: So einen Friedensnobel-preis kann man ebenfalls auf dem Postweg verschicken. Da müssen Sie als Held sich wirklich nicht den Stress antun und den beschwerlichen Weg zum Hauptbahnhof oder zum Flug-hafen auf sich nehmen. Und falls Sie wirklich, wirklich große Visionen haben, also eine Lösung, wie man nicht nur globale Krisen, sondern auch das Verkehrschaos in Köln aufhalten könnte: Rufen Sie im Rathaus an, aber ganz schnell. Und sprechen Sie Ihre Gedanken auf den Anrufbeantworter. So-bald einer der Mitarbeiter es ins Büro geschafft hat, wird der bestimmt auch abgehört. Aber in der Zwischenzeit (rechnen Sie mit drei bis fünf Jahren), müssen Sie mit folgenden Kom-promissen in puncto Mobilität leben:

Das Auto

Das Auto ist das liebste Kind der Deutschen und liegt somit knapp vor dem Familienhund. Aber erst, wenn Sie in Köln leben, wird Ihnen bewusst, wie sinnvoll dieses Ranking ist. Denn genau wie bei einem geliebten Haustier sollten Sie sich fragen: Kann ich meinem Fahrzeug das Leben hier wirklich zumuten? Ist es nicht Motorenquälerei, wenn ich die arme Blechkiste immer und immer wieder dieselben Runden schlurfen lasse? Stumpft so ein tapferer Wagen nicht vollends ab, im Stop-and-go-Verkehr, jeden Morgen und jeden Abend? Hat mein Auto überhaupt das Zeug dazu, die entsprechende Plakette für gewisse Zonen zu erlangen, und falls nicht, wie umfahre ich diese? Nun, ein reiner Kopfmensch würde nun einsehen, dass sein Auto nichts in dieser Stadt verloren hat, dass es glücklicher im Umland sein würde, wo es einen gewissen Auslauf hätte oder zumindest einen genauen Arbeitsauftrag. Aber wer lässt sich schon vom Verstand leiten, wenn es um den eigenen Wagen geht? In Köln schon mal keiner. Also müssen Sie, wie es so schön heißt, richtig Geld in die Hand nehmen, um Ihrer Blechkiste ein würdiges Dasein zu ermöglichen. Zunächst benötigt es zwei überdachte Schlafstellen. Eine Garage bei Ihnen daheim und einen festen Platz in der Tiefgarage an Ihrer Arbeitsstelle. Außerdem müssen Sie jeden Tag mindestens eine Stunde früher aufstehen, um die Verkehrsmeldungen abzuhören. Es ist extrem wichtig, dass Sie wissen, wann welche Brücke teilweise oder ganz gesperrt ist. Und zwar unabhängig davon, ob Sie über eine der Brücken fahren müssen oder nicht. An den jeweiligen Knotenpunkten auf der Strecke staut es sich nämlich in alle Richtungen. Als Kontenpunkte können Sie sämtliche großen, mittleren und kleinen Straßen verzeichnen. Rüsten Sie Ihren Wagen auf. In Ihrem Kofferraum sollten sich stets Lebensmittel für drei bis fünf Tage befinden sowie warme Kleidung, Decken und Brillen in den unterschiedlichsten Stärken. Die Sehkraft verändert sich schließlich, mit den Jahren, und die können Sie durchaus mal an einer Baustelle verbringen, wenn Sie eigentlich nur zur Arbeit wollten. Stress bauen die Kölner Autofahrer gern durch Hupen ab. Das ist natürlich in den meisten Fällen ebenso sinnlos wie verboten, aber immerhin ziehen diese Konzerte oft größere Menschenmengen an, die den Verkehrsfluss zusätzlich blockieren. Also, hupen Sie bei den Vorstellungen ruhig mit, wenn es Ihnen kurzfristig hilft, aber sehen Sie zu, dass Sie nicht zum virtuosen Solisten mutieren. Das kann teuer werden.

Tatsächlich besteht die einzige Möglichkeit, in Köln so etwas wie Fahrspaß zu erleben, darin, sich einem Autokorso anzuschließen, etwa bei einer Hochzeit. Oder wenn der 1. FC Köln ein Spiel gewinnt. Halten Sie sich also an die Hochzeiten. Parkplätze finden Sie dafür nur, wenn Sie in der Medienbranche arbeiten. Also nicht als prominentes Gesicht vor der Kamera, sondern als jemand, der wirklich bei Film oder Fernsehen arbeitet, beispielsweise als Maskenbildner, Caterer oder Kabelträger. Engagierte Disponenten halten Ihnen dann den Rücken frei und sorgen dafür, dass Sie für die Drehtage überall in Köln parken können und sei es in einer verkehrsberuhigten Zone, im Zoo oder auf der Domplatte. Wenn Sie

ES IST EXTREM WICHTIG, DASS SIE WISSEN, WANN WELCHE BRÜCKE TEILWEISE ODER GANZ GESPERRT IST. UND ZWAR UNABHÄNGIG DAVON, OB SIE ÜBER EINE DER BRÜCKEN FAHREN MÜSSEN ODER NICHT.

glauben, Sie können dem Zorn der Anwohner standhalten, die Sie mit Forken und Mistgabeln umringen werden: viel Spaß! Aber selbst, wenn Sie diesen offenen Hass ertragen können, wollen Sie das Ihrem geliebten Auto zumuten? Nein. Daher beginnen Sie ein neues, gesundes, umweltbewusstes Leben. Sie schwenken um auf:

Das Fahrrad

Ist das nicht ein schöner Gedanke: unabhängig zu werden, gleichzeitig an der frischen Luft zu sein und auch noch etwas für das Herz-Kreislauf-System zu tun? Ja, das ist es wohl, was das tägliche Radfahren in anderen Städten ausmacht. Aber in Köln haben Sie sich mit der Wahl fürs Rad nicht für ein alternatives Verkehrsmittel, sondern für die gegnerische Kriegspartei entschieden. Also, aus der Sicht der Autofahrer. Und der Fußgänger. Zum Glück verhält sich zumindest die Stadtplanung in diesem Krieg neutral oder doch eher rätselhaft. Ja, grundsätzlich will man Radwege ausbauen und die Straßen für nicht motorisierte Teilnehmer sicherer gestalten, sogar im ganz großen Stil. Aber eben auf kölsche Art, heißt: An kritischen Stellen werden geradezu prachtvolle Biotope für die kleinen Paradiesvögel, diese Radfahrer geschaffen, die sich in der Breite auf fast einen Meter und in der Länge auf bis zu fünfzig Meter erstrecken. Dann enden diese Radwege im Nichts, mitten auf einer Kreuzung, oder in einem Schilderwald. Lieblingsprojekte wie die Venloer Straße werden zu interaktiven Kunstmeilen gestaltet: Mal wird der Radweg durch rote Farbe gekennzeichnet, ein wenig später durch ein Symbol, wenige Meter weiter löst er sich in Wohlgefallen auf. Und diese Show wechselt nahezu täglich den Ablauf. Leider musste dort auch die vorgesehene Begrünung mit jungen Platanen vor einigen Jahren wieder abgeholzt werden, da sich herausstellte, dass ausgerechnet die Wurzeln dieser Bäume dazu neigen, weit auszuufern und so den Straßenbelag von unten aufzubröckeln. Wer hätte das ahnen können? Vielleicht Botaniker, Landschaftsgärtner oder gar jemand beim Straßenverkehrsamt? Das hätte ja verlangt, dass man sich im Vorfeld zusammensetzt, anstatt einfach mal loszulegen. Und das ist doch sehr unkölsch. Hier gilt für alle »Learning by Doing« oder viel mehr »erst mal machen, dann gucken, ob es passt.« Es passt selten, dann aber für keinen. Das Fahrrad ist hier also nicht Stahl-, sondern Schlachtross. Ideal für Menschen in der Midlife-Crisis, die sich keinen Sportwagen leisten wollen, mit dem Sie sowieso nur im Stau stehen. Der gesuchte Adrenalinkick stellt sich ein, noch bevor Sie sich am Morgen in den Sattel schwingen. Denn in vielen Fällen ist der Sattel morgens gar nicht mehr an Ihrem Rad und falls doch, ist das gesamte Fahrrad weg. Zumindest dann, wenn Sie es über Nacht auf der Straße haben stehen lassen und mit nur einem oder zwei Schlössern gesichert haben. Oder wenn Sie es nur drei Minuten aus den Augen gelassen haben. Da Ihr Fahrrad nicht das einzige in der Straße ist, dass geklaut wurde, vermuten Sie wahrscheinlich ganz richtig, dass es sich nicht um einen spontanen Diebstahl, sondern um das organisierte Einsammeln von Drahteseln gehandelt hat. Ärgerlich, aber auch erstaunlich. Denn während Sie sich nun zu Fuß auf den Weg zur Arbeit machen, werden Sie sich fragen: Wie sind die denn mit einem Lkw durch die enge Straße gekommen? Und warum weiß die Autorin dieses Buches, dass ich jetzt zu Fuß zur Arbeit gehe? Wenigstens Ihre zweite Frage kann ich beantworten: Die Autorin kennt die vermeintliche Alternative zu einem zünftigen Fußmarsch in Köln:

Die KVB

Vielleicht stammen Sie aus einem kleinen Dorf, in dem jeder nicht nur jeden kennt, sondern auch den sehnlichsten Wunsch eines jeden Jugendlichen: endlich einen fahrbaren Untersatz sein Eigen nennen zu dürfen, um jederzeit aus dem Kaff herauszugelangen! Denn zwar verfügt Ihre Heimatgemeinde über eine Bushaltestelle, aber diese wurde nur an Werktagen zwischen 6–16 Uhr angesteuert, einmal pro Stunde, im Winter dafür eher gar nicht.

Vielleicht wuchsen Sie aber auch in einer Metropole auf, in der der öffentliche Personennahverkehr kein Thema ist beziehungsweise Sie nie darüber nachgedacht haben, weshalb das Umsteigen von der U-Bahn in den Bus so reibungslos und ohne Wartezeiten verläuft und weshalb der Ticketverkauf so übersichtlich wie einfach ist. Sie haben höchstens mal die Nase gerümpft, wenn es innerhalb des Wagons zu wenig Platz und zu viel Unrat gab, aber Sie wussten ja: »Es sind ja nur noch zwei Stationen, also bin ich in spätestens zehn Minuten zu Hause.«

Die freudige Botschaft für Sie alle lautet: Die Kölner Verkehrsbetriebe schaffen es, beide Welten miteinander zu verbinden oder besser gesagt: sie krude miteinander zu vermengen. Denn sinnvolle Verbindungen zu schaffen ist wirklich nicht die Paradedisziplin der KVB. So ist es hier auch mitten in der City möglich, das wohlbekannte Kleinstadtfeeling zu spüren, und zwar völlig unabhängig von Jahreszeit oder Wochentag. An fast allen Haltestellen bietet sich die Gelegenheit, um völlig unverhofft zu entschleunigen. Und das auch zu einer Zeit, in der in anderen Städten die sogenannte »Rush Hour« herrscht. Die Gründe dafür, dass oft stundenlang einfach keine Bahn am Horizont auftaucht, sind ebenso vielfältig wie nebensächlich. Mal ist es der starke Schneefall (bis zu 18 Flocken pro Quadratmeter), mal andere extreme Wetterphänomene wie etwa »heiter bis wolkig«. Oft aber ist einer grundlegenden, traditionsreichen Fehlplanung dafür zu danken, dass hier eher Begegnungsstätten als Bahnhaltestellen errichtet wurden. Zwar wurden fast überall sehr moderne, sehr teure, elektronische Anzeigetafeln aufgestellt, die die Kunden informieren. Allerdings selten darüber, wann oder ob mit der nächsten Bahn zu rechnen ist, schließlich arbeiten bei den Kölner Verkehrsbetrieben keine Hellseher. Dafür aber werden Sie per stetig aktualisierter Laufschrift über Sonderaktionen der KVB, Konzerte, Messen und natürlich den Zwischenstand beim Spiel des 1. FC Köln informiert. So finden auch Imis wie Sie und ich schnell Gesprächs-

stoff, plauschen mit anderen Passanten, und die Wartezeit vergeht wie im Fluge. Und das ist durchaus wörtlich zu nehmen. Bis tatsächlich mal die Bahn an Ihrem Standort aufgetaucht ist, könnten Sie tatsächlich eine Stuntman-Ausbildung absolvieren, einen Helikopter chartern und sich von diesem aus über Ihrem ursprünglichen Ziel abseilen, um halbwegs pünktlich dort zu erscheinen. Preislich tut sich da wenig, nach meinen letzten Berechnungen. Aber bevor Sie sich über die horrenden Kosten für die KVB-Tickets wundern oder ärgern, müssen Sie sich ja erstmal eines beschafft haben. Und zwar das richtige.

Am besten widmen Sie sich dieser Aufgabe an einem freien Tag, der nicht weniger als zwei Wochen vor Ihrem tatsächlichen Reisedatum liegt. Natürlich können Sie jetzt die Automaten vermeiden und Ihr Ticket direkt in fast jedem der Abertausend Büdchen erstehen. Unbedingte Vorteile sind hierbei der menschliche Kontakt und die persönliche Beratung. Als eventuelle Nachteile sind der persönliche Kontakt und die allzu menschliche Beratung zu nennen. Denn wenn Sie nicht schon genau wissen, welches Ticket Sie wünschen (Beispiel, aber wirklich nur ein Beispiel: ein Einzelticket, Preisstufe 1B, Erwachsener), sind Sie geliefert. Mit einem kurzen Halbsatz, etwa »Ich müsste von hier aus zum Neumarkt …«, riskieren Sie, dass der Inhaber des Büdchens und mindestens zwei Kunden Ihnen unterschiedliche Routen und

SO IST ES HIER AUCH MITTEN IN DER CITY MÖGLICH, DAS WOHLBEKANNTE KLEINSTADT-FEELING ZU SPÜREN.

Sparmodelle vorschlagen, nicht selten werden der Linienplan, ein Globus und uralte Familienfehden hervorgekramt. Am Ende werden Sie mit einem Viererticket für Kinder verarztet und natürlich persönlich in die Bahn gesetzt, die Sie in die falsche Richtung fährt.

Dann müssen Sie sich natürlich doch an den Automaten wagen. Als netten Zeitvertreib hat die KVB dafür solche extra in den Straßenbahnen installiert. Also den Straßenbahnen, die logischerweise zu U-Bahnen werden, sobald sie unterirdisch fahren, und umgekehrt. Obacht: Dieser spezielle Komfort gilt nicht in S-Bahnen! Da müssen Sie schon an den Automaten am jeweiligen Bahnhof das Ticket ziehen. Natürlich erhalten Sie an diesen auch Tickets für Straßen beziehungsweise U-Bahnen, genau wie an allen U-Bahn-Haltestellen, und ja, auch manchen ausgewählten Straßenbahnhaltestellen. Aber niemand weiß, welche das sind. Als Faustregel merken Sie sich also bis hierher bloß: Wenn sich ein Automat in dem Verkehrsmittel befindet, in dem auch Sie sich befinden, nutzen Sie ihn! Nicht zwangsweise ergebnisorientiert, aber zum Daddeln taugen die Biester immer, sofern sie denn nicht kaputt sind. Und sie sind nie wirklich kaputt, sondern höchstens »in ihrer Funktion momentan eingeschränkt«. Kann heißen: Sie nehmen Ihre Geldkarte nicht an. Für die Annah-

MANCHMAL WIRD EIN AUTOMAT UNGEDULDIG ODER IST AB WERK EXTREM REIZBAR. DANN SPEIT ER ALLES AUS, WAS SIE IHM ZU FUTTERN GEGEBEN HABEN, ALLERDINGS STETS IN FORM VON KUPFERMÜNZEN.

me von Euro-Scheinen sind die Dinger natürlich nicht konzipiert, wir sind hier schließlich in Köln und nicht in einer Science-Fiction-Serie. Aber natürlich sind wir auch hier im 21. Jahrhundert angekommen, also wurden vor nicht allzu langer Zeit die Automaten so dermaßen aufgerüstet, dass Sie an ihnen nun auch per EC-Karte zahlen können. Falls diese Funktion nicht eingeschränkt ist. Und sie wird es sein. Dafür nehmen die meisten Automaten gern Münzen an. Beachten Sie aber, dass diese Maschinen nur im weitesten Sinne Maschinen sind, also jeder einzelne Automat über seine eigenen Vorlieben, ja, seine eigene Persönlichkeit verfügt. Der eine mag sämtliche 20-Cent-Münzen wieder unverdaut ausspucken, der andere nur die, die ihm nicht gefallen. Wenn der Hinweis »Bitte passend zahlen« aufleuchtet, kann das entweder bedeuten, dass bei Überzahlung kein Rückgeld ausgegeben wird oder Sie die Münzen in einem bestimmten Rhythmus oder in einer unbekannten Reihenfolge einwerfen müssen. Manchmal wird ein Automat ungeduldig oder ist ab Werk extrem reizbar. Dann speit er alles aus, was sie ihm zu futtern gegeben haben, allerdings stets in Form von Kupfermünzen. Wo hat der dieses ganze Klimpergeld her, fragen Sie sich vielleicht, und die Antwort lautet: von mir. Und demnächst von Ihnen, wenn Sie schlau sind. Denn um es kurz und schmerzhaft zu sagen: Das Preisniveau ist durchaus unangemessen, sprich, das Ticket für eine Einzelfahrt im Citybereich ist sauteuer. Natürlich können Sie da sparen, indem Sie sich direkt ein Viererticket holen. Das müssen Sie dann etwas umständlich knicken und abstempeln, aber damit haben Sie sich nach nur 28 Fahrten locker das Geld für eine Kugel Eis zusammengekratzt. Leider müssen Sie für dieses weitsichtige Vorhaben stets fast 12 Euro in Münzen mit sich führen, aus oben genannten Gründen. Also, sicherheitshalber 20 Euro Kleingeld ins Portemonnaie stopfen, schön bunt gemischt, es wiegt ja nix. Das ist natürlich Unfug. Deshalb nehmen Sie, wie ich, nur ein kleines Säckchen mit Fünf-Cent-Stücken auf jede Reise innerhalb Kölns. Und füttern den Automaten in der Bahn. Schön langsam. Pro Haltestelle nicht mehr als vier Münzen einführen. Und dabei keine Angst haben, dass Ihre Mitreisenden ungeduldig oder ärgerlich werden. Die kennen den Trick und falls nicht, werden sie sich in Kürze dafür begeistern können. Das Spiel nennt sich »Grauzone«, und das Tolle daran ist: Sie können nur gewinnen! Denn es gibt genau drei Möglichkeiten, wie die Sache endet:

1. Sie haben Ihr Fahrtziel erreicht, bevor Sie den Gesamtbetrag für ein Einzelticket abbezahlen konnten. Dann drücken Sie auf »Geldrückgabe« und haben neben dem Jackpot-Gefühl beim munteren Prasseln auch noch den Ticketpreis gespart. Schwarzgefahren sind Sie im engeren Sinne … vielleicht.

2. Der Automat schluckt die Münzen. Jetzt sind Sie nicht nur das lästige Kleingeld losgeworden, sondern haben auch ein Ticket. Und ein reines Gewissen.

3. Der Automat kennt den Trick schon, ist aber eben auch nur »ne kölsche Jung« und kein Spielverderber. Da er Ihnen Ihren Sieg über das Tarifsystem gönnt, behält er zwar Ihre Fünf-Cent-Stück-Sammlung und spuckt dafür kein Ticket aus, dafür fährt er sich automatisch runter, schränkt also sämtliche Funktionen ein. Sie – und alle anderen Fahrgäste – können also kein Ticket mehr kaufen. Sie haben mit dem Fünf-Cent-Manöver sozusagen eine Runde geschmissen, für Ihre Mitreisenden.

Nun mag sich der eine oder die andere vielleicht denken, dass sich dank dieser kleinen Manipulation die Katze in den eigenen Schwanz beißt und solche Aktionen die ständigen Fahrpreiserhöhungen erklären. Dann sage ich: so halb. Denn Sie haben eine wichtige Komponente außer Acht gelassen. In den allermeisten Fällen müssen Sie umsteigen in eine andere Linie. Und nach diesem großartigen Glücksgefühl, das Sie erlangt haben, nachdem Sie die Automaten überlistet haben, vergessen Sie unter Garantie, sich in der nächsten Bahn ein Ticket zu ziehen. Und in dieser Bahn gibt es nicht nur einen voll funktionstüchtigen Automaten, sondern es sind auch garantiert Kontrolleure anwesend. Sie müssen also erhöhtes Beförderungsgeld bezahlen. Die gerechte Strafe dafür, dass Sie auf die Ratschläge einer verzweifelten Frau gehört haben, die kein Auto besitzt und der schon acht Fahrräder geklaut worden sind, vier davon innerhalb eines Jahres.

Also, wann immer Sie in einem Verkehrsmittel der KVB am Automaten stehen, und Ihnen trotz aller Bemühungen ein Schwall Fünf-Cent-Münzen entgegenschwappt: Freuen Sie sich kurz, greifen Sie Ihre Beute und springen Sie am nächsten Halt aus der Bahn. Dann gehen Sie zum nächstgelegenen Büdchen, erwerben eine Packung Kaugummi, die Sie mit Ihrem Automatengewinn zahlen, und fragen im Anschluss den Inhaber, wie Sie am besten ans Ziel gelangen. Nun geschieht das Wunder: Der Mensch hinter der Ladentheke wird Ihnen ohne Umschweife sagen, wie Sie am schnellsten an Ihr Ziel gelangen, auf dem Fußweg. Denn er will Sie loswerden. Einzelhändler hassen nämlich Leute wie Sie, die mit Kupfergeld zahlen. Daraufhin nehmen Sie all Ihren Mut zusammen und fragen kleinlaut: »Und mit welcher

Bahn müsste ich fahren, wenn ich dort vor der Abenddämmerung ankommen will? Ach, ja, ich habe übrigens auch noch … richtiges Geld!« Zu diesem Zeitpunkt haben Sie einen neckischen Fächer aus kleinen Scheinen hervorgeholt, mit dem Sie kokett winken. Ihr Gesprächspartner wird Sie nun für komplett bekloppt halten, aber ja, er wird Ihr Geld natürlich nehmen. Und Ihnen im Gegenzug sogar das richtige Ticket verkaufen und Ihnen notfalls aufschreiben, wo Sie umsteigen müssen. Hauptsache, Sie verschwinden aus seinem Laden, Sie Spaßvogel.

Es ist also ganz gleich, für welches Fortbewegungsmittel Sie sich entscheiden. Sie können nur verlieren. Ihre Nerven, Ihren Verstand oder Ihr Vermögen. Daher empfehle ich die Nutzung der KVB, denn bei diesem Kombinationsmodell werden alle drei Faktoren wenigstens gleichmäßig abgebaut. Außerdem bekommen Sie dort im Gegenzug jede Menge Zeit geschenkt. Stehen Bus oder Bahn mal wieder lange still, können Sie als Passagier währenddessen ein Buch lesen. Oder sogar eines schreiben. Und um sich von den akuten Verzögerungen in ihrem persönlichen Terminplan abzulenken, können Sie auch den aktuellen Linienplan studieren und sich übergeordneten organisatorischen Fragen widmen, wie zum Beispiel: »Weshalb haben die eine Bahnstrecke unter dem Dom nach 30 Jahren wieder in Betrieb genommen, obwohl man dort nur im Schritttempo fahren kann, weil sonst die ganze Kirche wackelt? Warum fährt der letzte Bus von Nippes nach Ehrenfeld um 20.00 Uhr? Wieso haben die eine U-Bahnstation am Heumarkt vor Jahrzehnten angekündigt, aber erst jetzt in Betrieb genommen? Wem nutzt die Strecke der mysteriösen Linie 17? Und wie erhält man Zutritt zu ihr?

Warum gibt es ein striktes Alkoholverbot in Bussen und Bahnen, wenn es zu Karneval stets völlig außer Kraft tritt? Und kann es sein, dass die Linie 18 dann wirklich bis nach Istanbul durchfährt?«

Und sollten Sie diese Rätsel tatsächlich lösen können, oder, noch besser praktisch umsetzbare Alternativvorschläge für die Stadt Köln ausbaldowert haben: Gehen Sie bitte zurück zum Anfang dieses Kapitels. Denn das Leben ist eben ein Kreislauf, anderswo. In Köln hat dafür selbst die Ringbahn zwei Enden.

BAUSÜNDEN

Warum der Dom wirklich
das beste Gebäude der Stadt ist

Warum lieben die Kölner ihren Dom so sehr? Nun ja. Schauen Sie sich einfach den Rest drum herum an, und es wird Ihnen dämmern. Obwohl: In dieser Stadt wurde schon immer versucht, Historisches zu bewahren, dabei die Ästhetik moderner Architektur zu integrieren und mit dem Bedarf der Bevölkerung zu verbinden. Die Betonung im letzten Satz liegt auf »versucht«. Im Versuchen sind die Kölner nämlich einsame Spitze, allein das Finden fällt ihnen schwer.

Es ist aber auch schwierig, in dem ganzen Chaos hier Wertvolles von Müll zu unterscheiden. Und ja, das ist eine typische Ausrede von Messies: Dass sie einfach nicht wissen, wo sie anfangen sollen. Aber erstens ist das ja mittlerweile ein anerkanntes Krankheitsbild, und zweitens: Das meiste von dem ganzen Plunder, was hier »Stadtbild« genannt wird, war ja schon lange vor den jeweils gerade Verantwortlichen da. Hier haben ja wirklich alle alles hinterm Hintern liegen gelassen, über Jahrhunderte.

Ein extrem geraffter Kurzüberblick über die Stadtentwicklung lässt aber vermuten, dass die ganze Sache, zumindest anfangs, gar nicht so dumm geplant war und zumindest punktuell logisch erfolgte: Denn schon in grauer Vorzeit erschien es wohl bequem und reizvoll, an einem Fluss zu siedeln. Neben täglich frischem Fisch bietet so ein natürlicher Wasserlauf ja auch einen vermeintlich großartigen Entsorgungskanal, und solange man sich evolutionstechnisch mit Industrialisierung und Bevölkerungsexplosionen zurückhält, geht das ja auch hygienisch eine Weile gut. Also im damaligen europäischen Normalfall: bis die Römer kommen, die Nasen rümpfen und Kultur einführen. Indem sie zum Beispiel diese fortschrittlichen Leitungen bauen. Welche sogar einst frisches Quellwasser aus der Eifel in die Stadt leiteten. War schon chic, aber die kölsche Sehnsucht nach Heimeligkeit obsiegte schon damals: So wurde von allen Seiten daran gearbeitet, wieder ein wenig mehr rustikale Gemütlichkeit herzustellen. Germanen, Franken, Wikinger und Karolinger gestalteten bei ihren unangemeldeten Besuchen teilweise grob um, und irgendwann im Hochmittelalter entschloss

DAS MEISTE VON DEM GANZEN PLUNDER, WAS HIER »STADTBILD« GENANNT WIRD, WAR JA SCHON LANGE VOR DEN JEWEILS GERADE VERANTWORTLICHEN DA.

man sich, dass bei aller Toleranz auch mal Ruhe im Karton herrschen müsse. Das geschah durch gründliches Durch-christianisieren, wie abermals von den damaligen Trendset-tern, den Römern, empfohlen. Daraufhin wurde das Errich-ten von Kirchen zum Volkssport Nummer 1 erklärt. Und Gotteshäuser errichten, das müssen Sie zugeben, können die Kölner wirklich gut. Die meisten davon sind richtig schnieke geworden und manche sogar fertig. Wie groß und hoch sie werden dürfen, ist natürlich weiterhin Glaubenssache, aber wahrscheinlich stellte man damals schon fest, wie schön sich der religiöse Gedanke mit dem wirtschaftlichen verbinden ließ: Als Startschuss der Tourismusbranche mag somit die Unterbringung der Gebeine der Heiligen Drei Könige durch Erzbischof Rainald von Dassel im Jahr 1164 im Kölner Dom gelten, aber da hier immer schon lieber klerikal geklotzt statt gekleckert wurde, fand man im selben Jahrhundert auch praktischerweise noch die Gebeine des Heiligen Gereon, und, natürlich, die der Heiligen Ursula und ihrer 11.000 Be-gleiterinnen. Offenbar reichte diese imposante Anhäufung von sterblichen Überresten (oder auch nur die Erwähnung derselben) aus, um den Wallfahrtsstandort Köln mittelfristig zu sichern. Tatsächlich wurde das Stattfin-den eines Karnevals erstmals 1341 in den städtischen Aufzeich-

nungen erwähnt. Daraus könnte man schließen, dass Einwohner wie Besucher fast ein Jahrhundert lang durchaus damit zufrieden waren, dass man ihnen Knochen hinwarf statt Kamelle. Zusammenfassend wuchs die Stadt in dieser Zeit gewaltig, Hochwasser, Pestilenz und Erdbeben hielten die Massen nicht ab, sich anzusiedeln. Die zahlreichen Aufzeichnungen über Pogrome und Hexenverfolgung innerhalb der Stadtmauern legen nahe, dass der Standort besonders für katholische und geschäftstüchtige Männer attraktiv war und bis heute geblieben ist.

Wagen wir einen Sprung ins Jahr 1794. Wahrscheinlich war man durch die Weiterentwicklung des Karnevals etwas abgelenkt gewesen, aber plötzlich war das Mittelalter vorbei, und die Aufklärung stand vor der Tür. In Gestalt der Nachbarn aus Frankreich. »Besatzung« ist ein eher unschönes Wort, daher formulierte man es neutraler, überreichte den Gästen den Schlüssel der Stadt und zum Dank führten diese die Hausnummern ein. Vielleicht geschah das Durchnummerieren auch schon ein paar Tage früher, jedenfalls hatte ein Haus in der Glockengasse die Nummer 4711 abbekommen und riecht bis heute danach.

Auf die Franzosen folgten die Preußen. Die räumten wieder alles um beziehungsweise bauten alles auf, was vorher noch niemandem in den Sinn gekommen war, nämlich Infrastruktur: Hatte man den Rhein bisher nur dazu genutzt, um mal die Keller zu wässern, wurde er nun diszipliniert, indem Häfen an- und Brücken darüber gebaut wurden. Der Hauptbahnhof und der Zoo wurden in dieser Zeit errichtet, alles hätte so schön oder wenigstens fertig werden können. Aber zum Wesen der Kölner gehört leider auch, dass sie begeistert bei jeder Parade in Uniform mitmarschieren. Und aus den Schrecken des Ersten Weltkrieges genau so wenig gelernt haben wie der Rest der Deutschen.

Im Jahr 1945 war Köln zu 70 % zerbombt. Schutt und Asche. Natürlich musste alles wieder aufgebaut werden, so schnell wie möglich, denn die Leute benötigten dringend Wohnraum. Wenigstens das hatte man jetzt verstanden. Trotzdem drängen sich an dieser Stelle zwei Fragen auf:

1. Warum ausgerechnet aus Kacheln?

2. Wo kamen die geschätzt fünf Milliarden Fliesen überhaupt her?

Ich weiß auf keine der beiden Fragen eine Antwort, fest steht nur, dass die Kölner in der Nachkriegszeit komplett durchgekachelt haben, innen wie außen, an Böden und Wänden. Und anscheinend nur teilweise daran gedacht haben, unter dem horizontalen und vertikalen Fliesenspiegel herkömmliche Baustoffe, wie etwa Stein oder Beton nur in homöopathischen Dosen zu verwenden. Die Devise lautete offenbar nicht: »So, jetzt machen wir es einmal richtig und nehmen aus jeder Epoche nur das Beste mit, also Abwasserkanäle, Religionsfreiheit, Toleranz, Hausnummern, Hafen, Hochwasserschutz und Hauptbahnhof!«, sondern: »Hauptsache, es ist schön bunt und abwaschbar. Es muss ja auch nur bis Aschermittwoch halten, oder? Kölle Alaaf!«

So wurde zwar beim Straßenbau darauf geachtet, dass »der Zoch durch kütt«, aber der geht ja eh nur in eine Richtung, oder? Bei der Errichtung neuer Wohnhäuser konnte offenbar niemand vermuten, dass die Menschen einst eine

Größe von über 1,65 m erreichen würden. Eventuell intakte Altbauwohnungen wurden spätestens in den 1960er Jahren einmal in der Mitte geteilt. Falls eine Hälfte dadurch dann keine Nasszelle mehr hatte, stellte das kein Problem dar: Kacheln waren immer noch genug übrig, und Wasser war genug da, bei Regenwetter. Bei direkter Rheinlage konnte man auch durch Stoßlüften jederzeit ein Vollbad nehmen. Natürlich wurden besonders gut erhaltene Bauten unter Denkmalschutz gestellt. Wobei auch dieser eher gemütlich als übereifrig angegangen wird. Das bedeutet, dass man das »Objekt« erst einmal ruhen und die Zeit für sich arbeiten ließ. Wir sind hier schließlich nicht in Berlin, wo alles auf Teufel komm raus luxussaniert wird und dann die alteingesessenen Mieter mit horrenden Kosten vertrieben werden. Nein, die Kölner gehen das viel spielerischer an. Sie pokern, und zwar stets mit ein paar Assen im Ärmel: Wenn ein Gebäude nicht irgendwann von allein, also durch mangelnde Wartung, zerbröselt, vermutet man ganz unverbindlich etwas darunter oder knapp daneben, nämlich entweder eine Fliegerbombe, eine Giftmülldeponie oder eine römische Grabstätte. Ein Blindgänger ist natürlich der beste Joker: Da muss man evakuieren, das Haus abreißen, und kann einen teuren neuen Wohnkomplex auf der Fläche errichten. Chemie-Abfälle sind ein zweischneidiges Schwert. Tatsächlich wird erwartet, dass man den verseuchten Boden entsorgt, statt nur noch einmal darüber zu

NUN, EGAL, LIEBE MENSCHEN AUS ALLER WELT: KOMMEN SIE NACH KÖLN, ES GIBT IMMER WAS ZU GUCKEN.

asphaltieren, und das ist teuer. Die Stadt kann sich das schon mal nicht leisten, also muss das Areal verkauft werden, an einen Investor. Für den lohnt sich das natürlich nur, wenn er die umliegenden Flächen miterstehen kann, also zum Beispiel halb Ehrenfeld. Und das geht natürlich nicht, ohne dass sich jahrelang Bürger darüber aufregen oder sogar dagegen aufbegehren. Das zieht sich dann wieder über Jahre hin, bis da etwas entstehen kann, etwas Neues, weil die Investoren ja nur jeweils fünf Karnevalstage haben, um heimlich Zäune zu ziehen, Gruben auszuschaufeln und dann ein Einkaufszentrum dahin zu setzen, statt, sagen wir mal, Wohnungen. Bei Funden aus der Römerzeit ist die Sache ebenfalls schwierig: Wir haben ja schon so viel Kram und keinen Platz dafür. Also setzt man seit ein paar Jahren Mobilität vor Pietät und gräbt den ganzen alten Kram nur aus, damit an der Stelle schon mal ein tiefes Loch ist. Das kann man schließlich immer gebrauchen. Zum Beispiel für eine neue U-Bahn-Station. Sicher, noch weiß keiner, ob die an dieser Stelle Sinn ergibt, aber wenn wir eins aus der Geschichte gelernt haben, dann doch wohl, dass man gar nichts planen kann, jedenfalls nicht so richtig. Wenn also am Ende keine U-Bahn da halten wird, ist so ein Tunnel doch schon mal prima. Von unten kann man auch viel besser sehen, was unter den anderen Häusern so los ist. Und mit »Mobilität« ist ja auch eher gemeint, dass die Menschen flexibel sein müssen. Geistig rege gehalten werden, gerade auch durch den und im kulturellen Bereich. Nicht umsonst wird die Oper hier wegen der Renovierungsarbeiten im Musical-Dome zwischengeparkt. Nein, Moment, das war das Schauspielhaus. Ach, nein das gibt es nicht mehr. Oder doch? Ach, die Aufführungen finden im Rathaus statt.

Nein, im Bauamt. Ja, genau, da ist jeden Abend Boulevard-Theater. Oder waren das Impro-Shows? Nun, egal, liebe Menschen aus aller Welt: Kommen Sie nach Köln, es gibt immer was zu gucken. Unter anderem die Gebeine von über 800 Heiligen, die lagern wir nämlich ... wo war das noch? Ach, wissen Sie was? Wenn Sie beim U-Bahnfahren einfach die Augen aufhalten, dann erscheint Ihnen ganz automatisch der wahre Zauber dieser historischen Vielfalt, dieser übernatürlichen, ja, göttlichen Ordnung: Denn es herrscht viel Dunkelheit, noch mehr Stillstand, oft übler Gestank und kaum Hoffnung; aber irgendwann, in nicht allzu weiter Ferne, erscheint wieder Licht. Und ab da ist auch schon wieder schön bunt gekachelt. Garantiert.

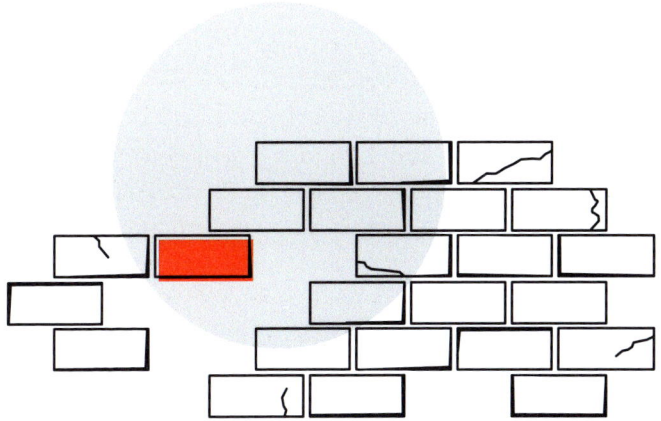

DIE VEEDEL

Wo werde ich Nachbar
auf Lebenszeit?

Für die Statistikbegeisterten sei an dieser Stelle erwähnt: Die
Stadt Köln teilt sich in neun Stadtbezirke auf, die wiederum
insgesamt 86 Stadtteile in sich beherbergen. Diese Information nutzt Ihnen leider kaum, denn einzig wichtig für Sie und
andere ist: In welchem Veedel wohnen Sie? Ein Veedel ist, wie
Sie vielleicht schon geahnt haben, etwas ganz Ähnliches wie
ein Stadtviertel. Aber eben nur ähnlich. Fast so etwas wie ein
»Kiez«, eine Nachbarschaft, aber dann doch wieder etwas
ganz anderes. Denn das kölsche Veedel hat keine starren geo-
grafischen Grenzen. Kirchen(-gemeinden), größere Plätze
und Straßen dienen zwar als Anhaltspunkte und können na-
mensgebend sein, müssen es aber nicht. Die zweitbeste Möglichkeit, um herauszufinden, wo Ihr neues Veedel beginnt

und wo es aufhört, ist, sich im Karneval an der Route der »Veedels-Züge« zu orientieren. Aber natürlich ist diese auch nicht verlässlich, da in Köln so gern und so langsam gebaut und wieder verworfen wird (siehe Kapitel »Bausünden«). So bleibt die wohl beste Faustregel bei der genaueren Bestimmung Ihres neuen Lebensmittelpunkts: Wenn Köln ein »Jeföhl« ist, ist das Veedel ein Instinkt. Kölnern ist dieser angeboren. Sobald Sie sich aus Ihrem Veedel herausbewegen, wird ihr Gang unsicherer, ihr Blick leicht getrübt. Eine gewisse Orientierungslosigkeit scheint sie zu übermannen, eine Mischung aus Heimweh, Mutlosigkeit und schrecklichem Durst. Eine nur scheinbar problematische Lage, aus der die Kölner und Kölnerinnen aber immer wieder das Beste erschaffen. Ein Beispiel: Wer, wie so viele Menschen hierzulande, der selbstzerstörerischen Freizeitbeschäftigung frönt, am Samstagvormittag einen Baumarkt aufzusuchen, erlebt überall dieselben traurigen Szenen: Auf der verzweifelten Suche nach Fachpersonal steigern sich lang verheiratete Paare in Ehekrisen hinein, erwachsene Männer in karierten Hemden weinen leise, Frauen in Funktionsjacken balgen sich um gammelige Primeln, die unüberlegte Schließung von Kasse 3 kann zu einem Aufstand führen. Natürlich geschieht so etwas auch in Köln. Allerdings werden hier Nervenzusammenbrüche im größeren Stil vermieden, weil sich die Eingeborenen im eige-

EINE GEWISSE ORIENTIERUNGSLOSIGKEIT SCHEINT SIE ZU ÜBERMANNEN, EINE MISCHUNG AUS HEIMWEH, MUTLOSIGKEIT UND SCHRECKLICHEM DURST.

nen Veedel eben wie duldsame Heilige benehmen und außerhalb desselben über dieses innere, unsichtbare Rückholbändchen verfügen, welches sie vor der Teilnahme an unnötigen Ausschreitungen bewahrt. Zumindest vor dem Mittagessen und solange der 1. FC Köln nicht involviert ist. Ein Kölner Paar, welches sich außerhalb seiner Komfortzone, also seines Veedels bewegt, erkennen Sie daran, dass es sich schon auf dem Parkplatz des Baumarktes nicht mehr bewegt. Stattdessen halten beide gleichzeitig inne und beschützen sich dann gegenseitig mit folgendem Dialog vor dem Wahnsinn:

Er: »Was wollten wir denn eigentlich hier, Schätzelein?«

Sie: »Na ja, so ein paar Sachen holen, für unseren Grillabend, heute. Kohle, zum Beispiel. Ich wollte auch nach Gartenmöbeln schauen, wo wir schon mal hier sind. Und dann können wir danach noch das Fleisch holen, dahinten, und Brot, Aufschnitt, Soßen … «

Er: »Ja, aber Bier haben wir noch, oder?«

Sie: »Ja, aber auch nur noch ne halbe Kiste.«

Er: »Ach, dann holen wir noch zwei beim Büdchen, oder?« Sie: »Da hast du recht, Heinz, wozu die jetzt umständlich ins Auto packen, und dann wieder raus, später? Aber, was mir da grad einfällt: Haben wir überhaupt einen Grill?«

Er: »Da sachste was. Lass mal schnell nach Hause, und nachgucken. Sonst müssen wir nämlich den Jupp fragen, ob der seinen mitbringt, von drüben …«

Und dann fahren sie wieder. Nach Hause, und zwar schnell. Also dahin, wo alles vorhanden ist, was man fürs Leben benötigt. Gut, manches ist dort teurer, dafür anderes umsonst und sehr Vieles mit Geld nicht zu bezahlen. Unterm Strich besteht also keine Not, die die Kölner zwingt, ihr Veedel jemals zu verlassen. Aber sie schauen nun einmal gern über den Tellerrand, und lieben es, wieder nach Hause zu kommen.

Da hier, aus oben genannten Gründen, leider keine schöne Grafik stehen kann, die Ihnen genau erklärt, welches Veedel nun »Ihr Veedel« werden kann und wo es sich genau befindet, müssen wir uns alle mit einem groben Überblick begnügen. Um es Ihnen einfacher zu gestalten, gehen Sie bitte von Ihren Vorlieben, Charakterstärken und finanziellen Mitteln aus, und versuchen Sie dann, in einer der errechneten Ecken heimisch zu werden. Noch ein Tipp: Fragen Sie nicht, was Ihr Veedel für Sie tun kann, sondern fragen Sie sich, was Sie in Ihrem Veedel tun wollen.

1. Sie sind unempfindlich gegenüber Straßenlärm, extrem feierfreundlich und geruchsblind. In puncto »Toleranz« machen Ihnen die Kölner nichts vor, Ihre Familienplanung halten Sie vorerst mit »null Kindern« für abgeschlossen. Sie sind außerdem KünstlerIn, und zwar von der Sorte, die davon leben kann. Oder durch Kellnern wenigstens dazu fähig, die Miete zu bezahlen. **Match:** Innenstadt, rund um den Zülpicher Platz, Teile von Ehrenfeld und der Südstadt. Karneval: überall. Erfahrungen in den Disziplinen Slalom, Hürdenlauf oder Parcours sind nicht Bedingung, aber ungeheuer hilfreich.

FRAGEN SIE NICHT, WAS IHR VEEDEL FÜR SIE TUN KANN, SONDERN FRAGEN SIE SICH, WAS SIE IN IHREM VEEDEL TUN WOLLEN.

2. Wie Typ 1, nur mit den Zusatzinteressen »Mode« und »Promis gucken«. Für dieses Hobby sind Sie bereit, sich sowohl jeden Tag aufzubrezeln als auch die meiste Zeit des Tages durch die Straßen zu flanieren bzw. astronomische Summen in der Gastronomie auszugeben. **Match:** Wiederum Innenstadt (Ehrenstraße) sowie Teile der Südstadt und Ehrenfelds, aber dort, wo es (noch) etwas teurer und sauberer wird. Karneval: nirgends.

3. Sie haben sich entschlossen, Kinder in die Welt zu setzen, wollen aber nicht auf das gewisse urbane Flair verzichten. Sie sind geduldig, und Ihr Vermögen erlaubt es Ihnen, eine Familienpackung Lastenräder zu erwerben. **Match:** Robben Sie sich langsam und unterwürfig von außen an Alt-Nippes und Neuehrenfeld heran. Wenn Sie der Mut verlässt, werden Sie irgendwann in den angrenzenden Stadtteilen Bilderstöckchen, Ossendorf, Vogelsang oder Mauenheim landen. Aber da ist es auch schön, irgendwann. Und dort lohnen sich die Lastenräder auch wirklich!

4. Wie Typ 3, aber mit längerem Atem und/oder Lottogewinn. Match: Sie und Ihre Familie werden in den schönsten Veedeln der Stadt leben und jeden Tag zum Neid der Touristen mit Ihren Lastenfahrrädern den Eingang zum Supermarkt blockieren. Treiben Sie es nicht auf die Spitze und lernen Sie Demut, indem Sie ab und an wirklich mit den Rädern fahren, statt sie nur durch die Gegend zu schieben. Aber geht ja nicht anders, in den engen Gassen. Da wollten Sie ja hin – wegen der Gemütlichkeit! Wenn Sie diese tatsächlich erreichen: Herzlichen Glückwunsch!

5. Sie lieben Züge. Und Straßenbahnen. Vor allem die Geräusche, Tag und Nacht! Außerdem ist Industriecharme ihr Ding! **Match:** Ziehen Sie nach Deutz. Wenn Sie irgendwann nicht mehr hören können, bleibt Ihnen immer noch der Blick auf den Rhein.

6. Sie arbeiten in der Medienbranche und sind Trendsetter. Niemand kann Sie aufhalten. Match: Mülheim, Mülheim, Mülheim. Am besten eröffnen Sie dort einen Imbiss in der Nähe der vielen Studios und Verlage, denn 10.000 Geschäftsinhaber mit derselben Idee können nicht irren!

7. »Fifty Shades of Grey« ist nicht Ihr Lieblingsbuch, aber die Farbpalette hat Ihr Gemüt gepackt. Match: Köln-Kalk is the place to be! Aber auch diese Gegend ist schwer im Kommen, also nicht auszuschließen, dass da begrünt wird. Günstige und zukunftssichere Alternative: das gesamte Ruhrgebiet. Gehört nicht mehr wirklich zu Köln, aber die Anfahrtszeit bis zur Innenstadt ist in etwa dieselbe.

8. Wenn Sie ehrlich sind, wollen Sie lieber ländlich wohnen. Und sind heimlich ein Freund von simplen Reimen. **Match:** Esch, Pesch, Niehl, Riehl: Erwarte wenig, bekomme viel. Also vor allem Platz. Relativ gesehen.

9. Ihr Leben rankt sich vor allem darum, welches Blumengesteck zu welchem Charity-Event passt. Köln erscheint Ihnen im Grunde so provinziell, wie es ist, aber das darf man ja nicht laut sagen. Vor allem nicht vor dem Personal. **Match:** Willkommen in Lindenthal und Marienburg! Hier kann man noch in Köln wohnen, ohne ständig auf der Straße gegrüßt zu werden. Es sei denn, sie legen sich einen kleinen Hund zu, für die ausgedehnten Spaziergänge am Kanal und im Stadtwald. Sollten Sie also trotz aller Versnobtheit Redebedarf hegen, informieren Sie sich über aktuelle Moderassen und erziehen Sie den Kläffer auf keinen Fall. Sonst haben die Nachbarn doch nix zu tratschen.

10. Sie sind einen Tick bodenständiger als Typ 9. Ein Hund dient bei Ihnen nicht als Gesprächsaufhänger, sondern auch als Statussymbol. Von den Proportionen sollte er schon zu Ihrem SUV passen. **Match:** Rodenkirchen ist ein Volltreffer. Bayenthal geht auch noch. Vergessen Sie nicht, milde den Kopf zu schütteln, über die verweichlichten Marienburger und deren Wadenbeißer, wenn Sie an diesen vorbeifahren zum Rhein, wo ihr großer Hund endlich mal das sein kann, was Sie eigentlich werden wollten: ein ganz wilder Köter am ganz wilden Wasser.

11. Eigentlich sind Sie hergekommen, weil Sie Fan des 1. FC Köln sind. Match: Müngersdorf, hinter dem Stadion. Dort können Sie jederzeit weinen, nach dem Spiel. Im unwahrscheinlichen Falle eines Sieges der Mannschaft sind Sie dann auch schnell in der Straßenbahn Richtung Innenstadt, um dort zu feiern, als gäbe es kein Morgen. Carpe noctem!

12. Sie haben sich in jenes Köln verliebt, das sie aus Film und Fernsehen kennen: Gemütlich, urig, herzlich – schön! Match: Vielleicht erwarten Sie nun, mit dem gezückten Stadtplan in der Hand, dass hier endlich die Geheimtipps kommen:

Die kleinen Gassen in Klettenberg und Sülz, verwunschene Winkel in Mauenheim, die noch keiner erblickt hat, etwas in der Nähe des Zoos oder ein Eckchen am Eigelstein. Aber die Wahrheit lautet: Bocklemünd. Da müssten noch die Kulissen stehen. Aber Sie wissen ja: Köln ist, was Sie draus machen. Nicht weit von einer trostlos erscheinenden Endhaltestelle ist vielleicht ein kleiner, verträumter Park. Oder besser noch eine mittelgroße, verschlafene Kneipe. Die vielleicht sogar geöffnet hat. Aber immer, immer wieder wird es dort Kölner und Kölnerinnen geben, die Sie fragen werden, ob Sie sich verlaufen haben. Oder ob Sie hier wohnen, neuerdings. Wählen Sie Ihre Antwort weise, aber schnell. Und je nachdem, wie sie ausfällt, müssen Sie halt entweder auf die Bahn warten, die Sie wieder in die andere Richtung bringt, oder: Sie sind in Ihrem Veedel angekommen.

DER KÖLSCHE STYLE

Wo Fashion-Victims
noch Mode-Narren sind

Damenabteilung

Mode wird hierzulande in Berlin geboren, teure Designer-Label werden auf der Düsseldorfer Kö spazieren geführt. In Hamburg liebt man seit jeher die klare Linie, kombiniert mit wetterfester Kleidung. In München zeigt frau gern, wie hoch sie das Holz vor ihrer Hütt'n schnüren kann. Böse Zungen behaupten zudem gern, dass in Schwaben die Kleidung eher günstig für den Geldbeutel als für deren Trägerin ausfallen muss und dass die Bewohner des Ruhrgebietes all ihren Ehrgeiz daran setzen, posthum zu Karl Lagerfelds stoffgewordenem Alptraum zu werden. Und obwohl sich all diese Klischees in meinen Augen nur partiell bestätigen, steht eines fest:

Der Kölner Chic funktioniert noch einmal ganz anders. Dabei wird sich hier keineswegs gegen aktuelle Trends gewehrt, im Gegenteil: In Köln setzt man einfach gern noch einen drauf. Denn ganz gleich, wie die körperliche Ausgangslage ist, es gilt: Mehr ist mehr, und noch schöner wird es mit Konfetti! Und solange Material vorhanden ist, das irgendwo drübergestreut, geklebt oder getackert werden kann, wird es auch verwendet. Und zwar alles. So liebten die Kölnerinnen Bling-Bling schon, als es noch »Strass« hieß. Mutig wird hier Glitzer und Glitter an allen möglichen und unmöglichen Textilien angebracht. Selbst in den wenigen Wochen, in denen die Stadt angeblich nicht unter Kostümierzwang steht, kann frau mit Epauletten, Tüllröckchen und so gar nicht dezentem Make-up punkten. Hier hat niemand Angst vor zu viel Farbe, Farbe hat höchstens Angst vor den Kölnerinnen. Aus lokalpatriotischen Gründen geht rot/weiß natürlich immer, zumindest als Grundlage. Wenn eine Frau andernorts mit ihrer Figur hadert, neigt sie dazu, ihre angeblichen Problemzonen mit dunklen, fließenden Stoffen zu verhüllen. Höchstwahrscheinlich mit dem Ziel, temporär unsichtbar zu werden, also bis sie sich unter ihrem Textil-Versteck bis zur angestrebten Bikini-Figur heruntergehungert hat. Stellt eine echte Kölnerin hingegen fest, dass sie sich ein paar Wohlfühlpfunde zugelegt hat, geht sie in die Offensive. Und zieht auch für den Büroalltag das Funkenmariechen-Kostüm an, das sie seit dem fünften Schuljahr besitzt. Und kein echter Kölner wird dieses Outfit abwertend kommentieren, sondern höchstens ein paar Tränen der Rührung vergießen, bevor er die Dame zum Tanz auffordert. Die spielerische körperliche Ertüchtigung führt so automatisch zum Muskelaufbau, die restliche unerwünschte

Polsterung verschwindet durch die winterlichen Temperaturen. Denn Kölnerinnen haben kein Problem damit, sich ihren Arsch abzufrieren, solange ihr Gemüt dabei sonnig bleibt.

Zudem ist es noch keiner Eingeborenen gelungen, sich mit zu vielen Accessoires zu schmücken. Dabei ist es einerseits völlig wurscht, ob die Schmuckstücke aus Edelmetallen und Diamanten oder Autoschrott und bunten Lutschpastillen gefertigt wurden. Hauptsache, sie sind aus 100 Metern Entfernung sichtbar und machen ordentlich Krach. Wichtig ist auch, dass ein Outfit bei aller Pracht noch praktisch, also bequem ist. Grundsätzlich wird jedes Ensemble auf seine Alltagstauglichkeit getestet, indem seine Trägerin vor Kauf ausprobiert, ob sie im vollen Ornat schunkeln und gleichzeitig ein Kölschglas greifen kann, ohne dass eine Naht reißt oder das Getränk den Weg zum Mund nicht findet. Sind diese Voraussetzungen aber gegeben, so kann frau immer noch eine Schippe drauf legen, sich also die Kunstnägel noch um einige Zentimeter verlängern lassen oder sich ein weiteres knallbuntes Ochsenjoch um den Hals hängen. Auch von eventuell überfeierten Gesichtszügen weiß die Domstadt-Dame gekonnt abzulenken. Eine flotte Kurzhaarfrisur wird hier wie die Rasenfläche eines fürstlichen Lustgartens angesehen, auf

HAUPTSACHE, SIE SIND AUS 100 METERN ENTFERNUNG SICHTBAR UND MACHEN ORDENTLICH KRACH. WICHTIG IST AUCH, DASS EIN OUTFIT BEI ALLER PRACHT NOCH PRAKTISCH, ALSO BEQUEM IST.

dem sich Friseure wie Landschaftsarchitekten austoben können. So leuchten neckisch arrangierte Haarbüschel in allen
Farben des Regenbogens über erschlaffte Augenlider hinweg,
während am Hinterkopf das übrige Gestrüpp zu einem wahrhaft gigantischen Labyrinth toupiert wird, indem sich wiederum zahllose Spangen, Schleifchen und Kunstblumen verir-
ren können.

Als das wahre Symbol aller Weiblichkeit gelten bei dem
Stamme der Kölschen weder Kurven noch zarter Liebreiz,
sondern: Ohrringe. Während die ältere Generation gern zu
barocken Kronleuchtern greift, um sich mit diesen pfunds-
schweren Gehängen die Ohrläppchen auf Schulterhöhe zu
ziehen, sieht man bei jungen Frauen oft die durchaus auch in
anderen Landstrichen als modisch wahrgenommenen »Flesh-
Tunnels«. Also Ohrlöcher, die mithilfe immer größerer run-
der Gegenstände gedehnt und ausgefüllt werden. Begegnen
sich nun zwei Damen von höchst unterschiedlichem Jahr-
gang und Ohrschmuckvorlieben, fällt auch den Zugereisten
auf, dass das kölsche Modeverständnis in erster Line durch
Toleranz und Neugier besticht. So stand ich einst mit einem
befreundeten Künstler der Körperteil-Perforation in dessen
Laden, um der Installation eines Extrem-Ohrschmucks bei-
zuwohnen. Die kaum volljährige Kundin ließ sich an jenem
Tag den Korken, der bisher ihren Flesh-Tunnel ausgefüllt hatte, durch eine Art Silberrahmen austauschen, der etwa den
Durchmesser einer Espresso-Untertasse hatte. Als die Opera-
tion erfolgreich beendet war, klopfte eine ältere Dame an das
Schaufenster. Der Schmuck, der an ihren Lauschern baumelte,
legte den Verdacht nahe, dass das Bernsteinzimmer gar nicht
verschwunden, sondern bloß in zwei gleichgroße Hälften

aufgeteilt und mit Steckern versehen worden war. Natürlich zögerten wir alle drei keine Sekunde, dem energischen Winken der Dame vor die Tür zu folgen und uns ihre Expertise anzuhören. Diese lautete folgendermaßen: »Mädsche, dat is ja super! Dat will ich uch maache lasse! Da könnt ich nämlisch minge Hansi reinsetzen! Dat is ming Vojel, ne, der is ja uch nit mehr de Jünjste. Op minger Schulter sitzt der ja immer so krumm, dat is ja auch unjesund, für den Hansi jetzt. Dauert dat lang, bis ich da so ene Fassung reinsetze kann? Un jibbet die auch in Jold? Ach weißte wat, dat erzählste mir beim Kaffee, Mädsche!« Ich behaupte einfach mal: In keiner anderen Stadt der Welt hätten sich diese beiden Fashionistas spontan untergehakt und wären munter plaudernd zur nächsten Bäckerei gelatscht, um sich dort über das mögliche Beherbergen von Wellensittichen in Ohrlöchern auszutauschen.

Herrenabteilung

Kurz vorweg: Es gibt gar keine Herren in dieser Stadt. Zumindest nicht unter der nativen Bevölkerung. Man(n) wird als »kölsche Jung« geboren und bleibt es, für die nächsten 50 bis 60 Jahre. Dann wird der Kölner automatisch zum Urgestein, bis er, im hoffentlich gesegneten Alter, auf dem Melatenfriedhof die letzte Ruhe findet. Folglich herrscht in Köln auch kein Bedarf für Kleidung oder gar Mode, die speziell für erwachsene Männer kreiert wurde. Denn der Kölner läuft, den Jahreszeiten trotzend, gern in kurzer Hose und Leibchen herum, und zwar so lange, bis eine persönliche gesetzte Anstandsgrenze es erfordert, sich eine Uniform zuzulegen, die er fortan lebenslänglich trägt. Diese fällt dann berufsbedingt aus, also Blaumann für den Handwerker, Schürze für den Köbes oder eine coole Lederjacke für den (Lebens-)Künstler. Unwissende mögen nun fragen, ob es in dieser Stadt nicht vielleicht auch Institutionen wie Büros, Banken oder Ämter gibt? Und wenn zutreffend, ob sich die dort tätigen männlichen Kölner nicht kleidungstechnisch einfach an die landesüblichen Gepflogenheiten anpassen könnten? Die Antwort lautet: schwerlich. Denn der Kölner gehört zu der seltenen Spezies, die auch in einem gut sitzenden Anzug nicht seriöser, sondern linkisch wirkt. Es mag daran liegen, dass auch ein maßgeschneiderter Dreiteiler hier einfach nicht als voll-

**MAN(N) WIRD ALS »KÖLSCHE JUNG«
GEBOREN UND BLEIBT ES,
FÜR DIE NÄCHSTEN 50 BIS 60 JAHRE.**

Kölsch

ständige Garderobe angesehen wird. Der Kölner scheint sich in feinerem Zwirn unwohl, ja geradezu nackt zu fühlen, wenn er diesen nicht mit einer Narrenkappe auf dem Kopf und/oder einem Pittermännchen unter dem Arm kombinieren darf. Sobald er diese Insignien jedoch mit sich führt, gelangt er schnell zur gewohnten Souveränität zurück und vermag es mühelos, in diesem Ensemble Reden zu halten, Bauwerke einzuweihen oder auch einfach seinem Bürojob nachzugehen. Wenn Sie also ein Telefonat mit einem Kölner Verwaltungsangestellten führen und Ihren Gesprächspartner inhaltlich einfach nicht verstehen können, gibt es hierfür zwei mögliche Gründe: 1. Er spricht Kölsch. Oder 2. Er ist in einem Anzug gefangen, in dem er einfach nicht natürlich agieren kann. Bevor Sie ihn aber wissen lassen, er solle vor dem Weiterführen des Gesprächs vielleicht besser seine Narrenkappe aufsetzen, empfehle ich Ihnen die wesentlich erfolgversprechendere Variante: Schlagen Sie ihm vor, dass Sie sich nach Dienstende mit ihm auf ein Kölsch treffen. In der Kneipe erkennen Sie den Mann dann daran, dass er noch gelöster wirkt als sämtliche übrige Anwesende und Sie ohne peinliche Vorabdiskussionen seinen Deckel bezahlen dürfen. Dieses Vorgehen fällt in Köln übrigens nicht unter Korruption, sondern unter Völkerverständigung.

So sehr der Kölner auch mit andernorts angemessenen Textilien hadert, so heilig ist ihm doch seine Frisur. Er mag es voluminös. Nichts findet er verlockender als eigene Locken.

So dient seit Jahrzehnten der junge Rudi Völler den Coiffeuren als Vorbild, aber auch BAP-Frontmann Wolfgang Niedecken wird nicht nur aufgrund seines Gesanges nahezu ikonenhaft verehrt. Und wenn das Haupthaar irgendwann nicht mehr so kräftig sprießt wie in der Blüte der Jugend, so legt der kölsche Mann Wert darauf, dass die nachfolgenden Generationen noch mit einem Blick erkennen mögen, welch Pracht einst auf seinem Haupte herrschte. Ein Kölner kämmt sein Haar nicht, er kuratiert Ausstellungen auf seinem Kopf. Noch bewachsene Stellen werden aufgebauscht, kahle entweder stolz poliert oder mit einem lustigen Hütchen abgedeckt. Nicht ohne Grund bringt diese Stadt von jeher große Clowns hervor. Es ist eine ganz natürliche Entwicklung, die sich aus dem Inneren irgendwann nach außen schält.

Des Weiteren zeichnet sich das kölsche Schönheitsideal für jederlei Geschlecht durch eine ungebrochene Liebe zu einer satt getönten Haut aus. »Vornehme Blässe« erinnert die Kölner an Krankheit und Siechtum, wohingegen ein gut durchgebratener Teint für Lebensfreude oder zumindest von Todesverachtung spricht. Ähnlich wie bei den Jahresringen an einem gefällten Baum lassen sich in Kölner Gesichtern die Anzahl der Fernreisen beziehungsweise Solariumbesuche zählen. Wird man also auf der Straße von einer Person gegrüßt, die einem vage bekannt erscheint, aber an deren Namen man sich partout nicht erinnern kann, ist es immer ratsam, deren unveränderliche Kennzeichen wie Körpergröße, Augen, Na-

EIN KÖLNER KÄMMT SEIN HAAR NICHT, ER KURATIERT AUSSTELLUNGEN AUF SEINEM KOPF.

senform oder eventuell fehlende Gliedmaßen zu Identifikati-
onszwecken vollkommen zu ignorieren und stattdessen die
ledrige Qualität der Außenhülle erst zu scannen und dann zu
loben, und zwar mit den Worten: »Gut siehst du aus, warste
im Urlaub?« Der nachfolgende halbstündige Monolog Ihres
Gegenübers wird Ihnen Anhaltspunkte, letztlich sogar Auf-
schluss darüber geben, wer die Person ist, wo sie gerade war,
und woher Sie sie eigentlich kennen. Falls überhaupt. Und
falls nicht, kennen Sie nun ein weiteres Kölner Urgestein.
Und das ist, anders als jede Modeerscheinung, ein zeitlos
schönes Geschenk.

**DER KÖLNER SCHEINT SICH IN FEINEREM ZWIRN
UNWOHL, JA GERADEZU NACKT ZU FÜHLEN,
WENN ER DIESEN NICHT MIT EINEM PITTERMÄNN-
CHEN UNTER DEM ARM KOMBINIEREN DARF.**

KARNEVAL

Wie entkomme ich
einer Polonaise?

Es gibt Menschen, die glauben, dass in Köln zur Karnevalszeit grundsätzlich der Ausnahmezustand herrscht. Den Eindruck kann man leicht bekommen, als Tagestourist. Wer aber nur eine komplette Session vor Ort im Auge des Orkans erlebt hat, weiß: In Wahrheit befindet sich die Stadt in den übrigen elfeinhalb Monaten in einer Art Identitätskrise. Wie gut, dass es den Verantwortlichen mit den Jahrhunderten gelungen ist, die fünfte Jahreszeit nach und nach so weit auszudehnen, dass die Kölner nunmehr nur noch am Aschermittwoch etwas neben sich stehen. Falls sie denn schon wieder stehen können. Die restlichen 355 Tage jedoch herrscht nunmehr eine Art Spezial-Advent, der mit planen, basteln, zerstreuen, neu planen, trinken, hämmern, sammeln, schminken, kostümieren, klüngeln, proben, singen und schunkeln fast wie im Fluge vergeht. Vorfreude ist eben nicht nur die schönste, sondern hier auch die längste Freude.

Als Imi steht Ihnen die Teilnahme am bunten Treiben natürlich frei. Sie haben die Wahl zwischen: ganz oder gar nicht. Denn es gibt keine Probe-Abos, keinen Schnuppertag, keine halbe Sachen. Wenn Sie sich an Weiberfastnacht innerhalb der Stadtgrenzen befinden, kommen Sie bis Aschermittwoch nicht mehr raus. Und wenn Sie glauben, dass Sie in diesem Zeitraum zwischendurch ein paar Überstunden kloppen, Sport treiben oder ausschlafen können, sind Sie so schief gewickelt, dass Sie nur noch einen sehr großen Schnuller benötigen, um Ihr Kostüm »Tollpatschiges Riesenbaby« zu komplettieren. Also: Verfügen Sie über Zeit, Energie sowie wirtschaftliche Ressourcen, um sich zumindest für die obligatorischen sechs Hauptfeiertage ins Getümmel zu werfen? Wirklich? Bitte überlegen Sie in aller Ruhe (wo immer Sie diese finden können), denn es ist wirklich nicht damit getan, dass Sie sich eine rote Nase aufsetzen, auf die Straße gehen und ein wenig auf Tanzbär machen. Verfallen Sie nicht dem Irrtum, dass es ausreicht, an einem oder zwei Abenden in einer Kneipe aufzuschlagen, dort ein paar Stündchen mit zu hampeln und dann beschwingt nach Hause zu wanken. Na, werden Sie langsam unsicher oder gar ängstlich?

Keine Sorge, das ist ja nichts Schlimmes. Jeder Jeck ist eben anders, und Sie sind eben: gar keiner. Folglich tun Sie in den tollen Tagen das, was sehr viele Imis (und auch zwei bis fünf Kölner) tun: Sie fliehen in den Urlaub. Am besten über die Grenzen des Rheinlandes hinaus, selbstverständlich ohne dabei in Hessen zu landen. Oder in Rio de Janeiro. Wenn Sie

jetzt buchen, winken noch recht günstige Angebote für spaß-
befreite Zonen wie etwa Berlin, Stuttgart und Hamburg. Also,
für die überübernächste Saison. Und falls Sie wirklich abenteu-
erlustig sind, können Sie auch nach Übersee fliegen, vielleicht
ein paar ruhige Tage in Neuseeland oder Peru verbringen.
Um diese Fernreise zu finanzieren, müssen Sie lediglich Ihre
Wohnung in Köln untervermieten. Um einen gerechtfertig-
ten Mietpreis für die knappe Woche zu ermitteln, verdoppeln
Sie einfach den Satz eines durchschnittlichen Fünf-Sterne-
Hotels in Beverly Hills. Rechnen Sie noch einen Hunderter
drauf, falls sich eine Kneipe direkt in Ihrem Wohnhaus befinden sollte. So fühlt sich kein Tourist geschröpft und ist gern
bereit, Ihnen zusätzlich eine hohe Kaution zu zahlen, für den
Fall, dass es zu Schäden durch den Zwischenmieter kommen
sollte. Und es wird zu Schäden kommen. So bietet der Kölner
Karneval auch für Totalverweigerer eine Gelegenheit, relativ
kostendeckend die Küche zu renovieren oder die ganze Bude
zu kernsanieren. Trotzdem rate ich dazu, überflüssige Möbel
(also sämtliche) im Vorfeld aus Ihrer Wohnung zu entfernen,
falls Sie denn an diesen hängen. Schaffen Sie auf jeden Fall
eine markierte Strecke für Privat-Polonaisen von der Küche
zum Bad – Ihr temporärer Untermieter und seine 80 neuen
Freunde werden es Ihnen danken.

**ES GIBT KEINEN SCHNUPPERTAG UND KEINE
HALBE SACHEN. WENN SIE SICH AN WEIBER-
FASTNACHT INNERHALB DER STADTGRENZEN
BEFINDEN, KOMMEN SIE BIS ASCHERMITTWOCH
NICHT MEHR RAUS.**

Sie wollen immer noch dabei sein, in Köln, von Weiberfastnacht bis zum bitteren Ende? Nun gut. Wenn Sie folgende
Warnhinweise beachten und hart trainieren, ist es gut möglich, dass Sie die kommende Session durchhalten. Beginnen
wir Ihre Ausbildung mit Aufwärmübungen und anschließen-
dem Krafttraining, dem:

1. Straßenkarneval

Grundlagen für eine erfolgreiche Teilnahme am Straßenkarneval sind exakte Planung und ein ordentliches Frühstück.
Wer erst nach dem 11.11. des Vorjahres zugezogen ist, muss
die eigene Kostümierung nicht mehr allzu verbissen und perfekt, dafür umso schneller auf die Reihe kriegen. Getreu dem
Motto »Tiere gehen immer« mag ein Ganzkörperfellkostüm
ebenso angemessen wie praktisch wirken, zumal auf der Straße mit kühlen bis eisigen Temperaturen zu rechnen ist. Aber
vergessen Sie nicht: Egal, ob Sie äußerlich nun ein Bär, ein
Riesenhase oder ein Känguru werden wollen, Ihre Bedürfnisse bleiben menschlich, und so, wie im Karneval die Jecken die
Macht übernehmen, so regiert in Ihrem Körper in dieser Zeit
– die Blase. Also wählen Sie im Falle »Tierkostüm« ein Modell, das entweder als Zweiteiler erhältlich ist (und damit
meine ich nicht, dass man den Kopf abnehmen kann!) oder
bei dem sich der Reißverschluss vorne befindet. Wie sage ich

**IN WAHRHEIT BEFINDET SICH DIE STADT IN
DEN ÜBRIGEN ELFEINHALB MONATEN IN EINER
ART IDENTITÄTSKRISE.**

es für die Jugend? Vielleicht so: Stellen Sie sicher, dass Sie stets ungehinderten Zugang auf Ihre privaten Daten haben. Und öffnen Sie diese dann auch bitte so, dass niemand sonst Einsicht in Ihren Account erhält. Sprich: Verrichten Sie, egal ob Männlein, Weiblein, divers oder Teilzeittier Ihre Geschäfte in den sanitären Anlagen! Also in den aufgestellten Klohäuschen, in den Kneipen, oder, am allerbesten, feiern Sie vor Ihrem eigenen Haus und benutzen Sie Ihre eigene Toilette! Dankeschön.

Aber gehen wir zurück zu Schritt 1, der Kostümierung. Kreativität ist hier immer gern gesehen, allerdings sollte das Outfit auch Bewegungsfreiheit bieten und Sie gleichzeitig vor Hitzschlag und Verkühlung schützen. Beispiel: Historische Kostüme wie »Heinrich der VI.«, »Frankensteins Monster« oder »Marie Antoinette« sind, wenn Sie mit viel Geduld und Liebe gemacht sind, ein toller Hingucker, aber bevor Sie sich an die Nähmaschine setzen oder das Pappmaché ansetzen, denken Sie auch an die Funktionalität: Komme ich mit dem Wanst (quer) oder mit der Stirn (hochkant) durch die Tür? Und kann ich sechs Abende hintereinander meinen Kopf unter dem Arm tragen? Eben. Obacht auch bei vermeintlich lässigen Kostümen wie Bauarbeiter, Cowboy oder Matrose. Wenn Sie nicht 100 Stunden am Stück ununterbrochen zu »YMCA« tanzen können, vergessen Sie es. Ein Rat an alle Frauen und Mädchen, der mir leider notwendig erscheint: Da es nicht zu der von anderer Stelle empfohlenen »Armlänge Abstand« zu anderen Jecken kommen kann, ist die Wahl Ihres Kostüms wirklich zweitrangig. Ich werde den Teufel tun, einer Frau (oder auch einem Mann) zu sagen, sie solle sich doch bitte nicht als »sexy Teufelchen« verkleiden, und wenn doch, dann müsse sie sich halt auch nicht wundern, wenn ... NEIN. Natürlich ist es obsolet, gewisse körperliche Vorzüge durch ein Kostüm zu betonen, weil nach spätestens vier Stunden alle Menschen für alle Betrunkenen wunderschön und unfassbar sexy aussehen. Das heißt aber nicht, dass irgendwer da hinlangen darf, wo gerade Haut blitzt. Viel mehr heißt es für alle Kätzchen, Hexen, Prinzessinnen, aber auch für Vampire, Holzfäller und Einhörner: Erhebt eure Stimme, wenn ihr merkt, dass da eine Hand hinwandert, wo ihr sie nicht wollt. Und falls das nicht hilft, erhebt das Knie, bis auf Schritthöhe! Und ja, auch fürs Bützen (karnevalistische Kussangriffe, immer, überall) gilt: Man kann sich höflich wegducken. Wer das nicht als ein »Nein« versteht, sollte nicht mehr weiterfeiern. Sorgen Sie dafür, indem Sie sich notfalls Hilfe holen, von Menschen, die sich nicht nur als »Security«-Personal oder Polizeibeamte verkleidet haben, sondern es tatsächlich auch sind.

Und falls Sie, liebe Männer, den vorigen Abschnitt für übertrieben oder gar für nicht nachvollziehbar halten, dann habe ich den idealen Kostümvorschlag für Sie parat: Verkleiden Sie sich als Frau. Mit kurzem Rock, langen Haaren, tollem Make-up und hohen Schuhen, wenn Sie sich trauen. Ich wette mit Ihnen, Sie halten das keinen halben Abend durch, ohne zu weinen.

Kommen wir aber zurück zu den wirklich guten, praktischen und praktikablen Kostümen, die sich geschlechterübergreifend als kampferprobt herausgestellt haben. Nun ja. Im Prinzip bliebe da Clown übrig. Ist aber in seiner Grundform stinklangweilig und in der Luxus-Ausführung den Kölner Karnevalsvereinen vorbehalten. Genau wie die einfache

Lösung: »Business-Outfit und Narrenkappe«. Also, was tun Sie, bevor Sie ein Kostüm kaufen oder selber basteln? Sie führen, am besten kurz nach Neujahr, wenn es auch höchste Zeit wird, folgenden Belastungstest durch: Sie schnallen sich die Polster Ihres Sofas mit Gürteln um den Leib, drehen die Heizung auf volle Pulle, schließen die Wohnungstür von innen ab, legen eine Schlagerplatte auf, trinken eine Flasche Schnaps auf ex (notfalls die drei Packungen Schnapspralinen essen, die noch vom Fest übrig sind) und rennen dann eine Stunde ohne Pause immer wieder gegen die Wand, in die Ecke, wo der Weihnachtsbaum stand. Wenn der Baum noch da sein sollte, tanzen Sie mit ihm, engumschlungen, aber flotten Schrittes. Dann versuchen Sie, zur Toilette zu gehen, ohne dass dabei ein Malheur geschieht. Wenn es Ihnen nach zwei weiteren Stunden gelingt, aus Ihrem Kostüm und Ihrer Wohnung zu gelangen ohne gebrochene Knochen oder einen Tinnitus zu haben, multiplizieren Sie die Zeit und die Blessuren mal 50. Wenn Sie nach dieser Tortur noch ernsthaft an Ihre Überlebenschancen glauben, dann können Sie im Prinzip jedes Kostüm zum Straßenkarneval tragen, das Ihnen gefällt. Spätestens am dritten Tag wachen Sie wahrscheinlich sowieso in einem anderen auf, in einer fremden Wohnung, und die Person, die neben Ihnen lautstark schnarcht, trägt dafür Reste Ihres Robin-Hood-Outfits oder Pippi-Langstrumpf-Ensembles.

Ja, wir müssen auch auf amouröse Abenteuer zur jecken Zeit zu sprechen kommen. Sicher, die Liebe ist das Wundervollste auf der Welt, und ja, sie ist grenzenlos. So kann es unter gewissen apokalyptischen Umständen auch zwischen einem Pinguin und einer Krankenschwester, Darth Vader und

Rotkäppchen, einem Piraten und Käpt'n Blaubär funken, aber wie heißt es hier so treffend: »Am Aschermittwoch ist alles vorbei.« Und das stimmt, zumindest in den allermeisten Fällen. Wenn Sie auf der Suche nach dem Partner oder der Partnerin fürs Leben sind, kann das natürlich klappen, in Köln, gerade im Karneval. Aber die Hemmungen fallen gewöhnlich vor den Masken, von einem prächtigen Löwen bleibt am Ende nur der Katzenjammer. Sollten Sie sich in einer Beziehung befinden, reden Sie vorher offen über Karneval. Entweder Sie feiern nach dem leicht variierten Las-Vegas-Motto (»Was im Karneval geschieht, bleibt im Karneval«), feiern getrennt, aber sehr ausgelassen, nehmen am Dienstagabend an einer Nubbelverbrennung teil und leben danach glücklich und zufrieden weiter bis zur nächsten Runde. Oder Sie feiern gar nicht mit. Wenn Sie nun denken, dass Sie als erwachsenes und zusammengewachsenes Paar doch auch schön gemeinsam feiern können, jeden Abend bis in die Nacht, ohne dass es zu Eifersüchteleien, Missverständnissen und Verirrungen kommt, sind Sie zu beneiden ob Ihrer jugendlichen Naivität. Vielleicht sind Sie aber auch wirklich zwei hochanständige Menschen, die Hand in Hand und im Partnerlook durch das bunte Inferno schreiten und auch leicht beschwipst nicht von der Seite Ihres Partners weichen. Dann sind Sie zu bedauern, denn der Sinn und vor allem der Spaß an der ganzen Sache wird Ihnen wohl verborgen blei-

»KARNEVAL« UND »VERNUNFT«
FINDEN EBEN NICHT ZUR SELBEN ZEIT
AM SELBEN ORT STATT.

ben. In jedem Fall gilt also: Schützen Sie sich, vor sämtlichen ungewollten Folgen.

Wenn Sie nun all diese Tipps beherzigen, sind Sie fast bereit für Ihren ersten Straßenkarnevalsmarathon, mental und körperlich. Ein vernünftiger Coach würde Ihnen jetzt selbstverständlich noch einbläuen, dass Sie unbedingt am Mittwoch vor Weiberfastnacht einen Großeinkauf im Supermarkt erledigen sollten. Vielleicht sogar noch einen Ernährungsplan für die tollen Tage beifügen, der Ihren Bedarf an Eiweiß, Kohlenhydraten und vor allem Vitaminen und Elektrolyten ideal abdeckt. Aber »Karneval« und »Vernunft« finden eben nicht zur selben Zeit am selben Ort statt, also tun Sie lieber das, was Erstsemester des Studienfaches »Straßenkarneval« tun:

Latschen Sie am Donnerstagmorgen völlig unvorbereitet zum Bäcker, lassen Sie sich dort ein Dutzend Berliner in die Hand drücken, und essen Sie fünf davon sofort. Den Rest verteilen Sie an fremde Leute oder tauschen Sie gegen das erste Kölsch. Auf dem Weg zur Arbeit werden Sie von vielen hilfreichen Händen so umdekoriert, dass es als Behelfskostüm durchgehen wird. Im Büro angekommen, werden Sie von der gesamten Belegschaft um Punkt 11:11 Uhr freundlich aber bestimmt wieder herauspolonaisiert, Sie begeben sich in feuchtfröhlicher Runde Richtung Heimweg. Je nach Wohnlage dauert der statt der gewohnten halben Stunde bis zu fünf Tage, wobei Sie ab und zu rasten oder sogar ein Nickerchen auf einem Stromkasten halten können. In dieser Zeit erkennen Sie Ihr eigenes Spiegelbild nicht wieder, grüßen sich und andere aber freundlich mit »Kölle Alaaf«. Von Samstag bis Montag ernähren Sie sich von dem, was Sie auf dem Weg finden, nämlich Luft, Liebe und Kamelle. Am Dienstag können Sie die Texte sämtlicher kölscher Karnevalslieder auswendig und vermuten sogar eine Metaebene hinter einigen Passagen. Leider verbrennen Ihre neu erlangten Kenntnisse zusammen mit dem Nubbel. Dann schonen Sie sich für ein knappes Jahr, um einen neuen Versuch zu starten.

Erst, wenn Ihnen dieses Intervalltraining nicht mehr als Herausforderung erscheint, sollten Sie sich an die nächste Stufe wagen, den:

2. Sitzungskarneval

Diese Ausprägung des verordneten Frohsinns mag zunächst weniger anstrengend klingen als die Großkampftage auf den Kölner Straßen, aber vergessen Sie nicht: Sitzen ist das neue Rauchen. Wer es mit einem von beidem übertreibt, wird mit an Sicherheit grenzender Wahrscheinlichkeit an den Spätfolgen leiden und unter Umständen elendig zugrunde gehen. Und bei einer Sitzung sitzen Sie viel. Und lange. Sehr, sehr lange. Außerdem hält sich standhaft das Gerücht, dass Prunk-, Stunk- oder sonstige Sitzungen komisch sind, im Sinne von: lustig und unterhaltsam. Wenn Sie das wirklich für bare Münze halten, sind Sie tatsächlich ein ganz großer Spaßvogel, also völlig überqualifiziert für die Teilnahme an einer Karnevalssitzung. Und je verkopfter Sie an die Sache rangehen, desto schlimmer wird es. Bitte verzichten Sie daher darauf, sich im Vorfeld anzulesen, welch grandioser Grundgedanke dieser Veranstaltung einst zugrunde lag, nämlich der, die Obrigkeit zu foppen, den humorlosen Preußen mal zu zeigen, was man von ihrer spießigen Ordnung hält und wie herrlich diese vom Kölner Volk aufs Korn genommen werden kann. Wenn Sie dies nämlich tun, werden Sie sich schon nach einer Viertelstunde im Festsaal fragen:

»Warum habe ich mir das angetan? Warum tut sich das irgendwer an? Und bezahlt auch noch ein Heidengeld dafür?« Und wenn Sie einmal mit diesem gefährlichen Nachdenken angefangen haben, kommen Sie da nur ganz schwer wieder heraus, sondern sinken immer tiefer ein, im intellektuellen Morast: Sie zweifeln daran, ob man eine Parade wirklich mit einer Parade parodieren sollte, deren Choreographie mindestens genauso diszipliniert einstudiert werden muss wie die parodierte Parade. Sie zermalmen sich selbst in der politisch korrekten Zwickmühle, wenn Sie daran deuteln wollen, warum die Jungfrau von einem Mann dargestellt werden muss, der Prinz aber privat keine Frau sein kann. Sie zweifeln, ob es Sinn ergibt, wenn echte Politiker Witze über die Politik anderer Politiker reißen dürfen, und fühlen sich seltsam angefasst, wenn alle sich gegenseitig an den seltsamsten Stellen anfassen. Es gibt nur einen Weg, wie Sie diesen Teufelskreis durchbrechen können, und zwar den pragmatischen. Ja, Sie haben für die Show bezahlt und wenn Sie sie genießen wollen, hilft nur ein Perspektivenwechsel. Stellen Sie sich also vor, Sie befänden sich in einem Zoo: Die Menschen auf der Bühne sind die Tiertrainer und Sie der Seehund. Sie müssen und sollen gar nicht alles verstehen, was auf der Bühne dargeboten wird. Von Ihnen wird nur erwartet, dass

Sie an diesem Abend drei simple Tricks erlernen: Trinken, Klatschen und Lachen. Ersteres geschieht instinktiv, da sie nur mit feuchter Kehle und stetigem Aufweichen der Hirnrinde Ihr Überleben sichern können. Wenn Sie schlecht hören oder Ihr Taktgefühl Sie vorübergehend im Stich lässt (beides durchaus zu erwartende Nebenwirkungen bei einer Karnevalssitzung), schauen Sie einfach bei Ihrem Sitznachbarn ab, wann er die Hände aneinanderklatscht. Versuchen Sie, dem Rhythmus zu folgen, es ist immer derselbe, für die kommenden acht Stunden. Und falls das nicht klappt mit dem Klatschen: Trinken Sie mehr. Jeder hat halt seine eigenen Stärken und Schwächen, wichtig ist nur, dass Sie das mit dem rechtzeitigen Lachen draufhaben. Aber auch hier helfen die Kölner, wie immer, gern weiter, und zwar gewohnt diskret: Mit einem Tusch! Immer wenn Sie also ein lautes »Tätä-Täta« hören oder spüren, sollten Sie in der Sekunde zuvor gelacht haben. Gar nicht so schwierig, oder? Am Ende des Abends werden Sie dann eine Hornhaut am Hintern haben, gern auch begleitet von Schunkelflecken. Tragen Sie diese Verletzungen stolz (aber bitte nicht öffentlich zur Schau), denn es sind Ihre ganz persönlichen Karnevalsorden, die Sie sich selbst für extreme Tapferkeit verliehen haben. Übrigens: Auch die alternativsten aller alternativen Karnevalssitzungen

unterscheiden sich in Ihren Mustern und Ritualen nicht von den Klassikern, aber zumindest kann da manchmal völlig intuitiv gelacht werden. Oder zumindest schon vor dem vierten Kölsch.

Zum Trost: Es gibt noch zwei wesentlich schlechtere Möglichkeiten für einen Imi, um Erstkontakt mit dem Kölner Karneval aufzunehmen. Die gefährlichsten Zeiten und Orte sind für Sie nämlich: Der 11. November und der Rosenmontag in der Innenstadt. Beide Veranstaltungen sind nur für Profis, Touristen und jene Menschen gedacht, die dringend untertauchen müssen. Denn nirgends kann man schneller in einer Menschenmasse verschwinden als bei diesem ausufernden Mummenschanz. Leider bieten weder der 11.11. noch der Kölner Rosenmontagszug einen vollwertigen Ersatz für ein ordentliches Zeugenschutzprogramm. Statt eine neue Identität zu erhalten und unter falschem Namen an einem geheimen Ort weiterzuleben, ist es wahrscheinlicher, dass Sie dort im Eifer des Gefechts in die Vororte gespült, gebützt und streckenweise gesambatanzt werden. Und Sie und/oder Ihr Partner so kurzfristig Teil einer völlig fremden Familie werden. Diese Verwechslungen klären sich aber dann nur wenige Tage später auf, wenn alle aus ihren jeweiligen Kostümen herausgeschält werden und man unvermutet in ein fremdes Gesicht blickt. Drehen Sie in diesem Moment nicht durch, sondern denken Sie daran, dass irgendwo in der Stadt einem anderen Menschen genau das Gleiche passiert ist. Ein meist unkomplizierter Rückumtausch kann gewährleistet werden, wenn Sie jedem Familienmitglied ein Halsband mit Name und Adresse umhängen. (Echte) Hunde sind von dieser Rege-

BEIDE VERANSTALTUNGEN SIND NUR FÜR PROFIS, TOURISTEN UND JENE GEDACHT, DIE DRINGEND UNTERTAUCHEN MÜSSEN.

lung natürlich ausgenommen, weil diese, genau wie Kinder unter 18 Jahren, wirklich gar nichts beim Rosenmontagszug oder gar am »Alter Markt« in Köln zu suchen haben. Aus oben genannten Gründen. Und obwohl ich es durchaus nachvollziehen kann, dass Sie Ihre eventuell vorhandenen Teenager gelegentlich auf den Mond schießen wollen: Widerstehen Sie der Versuchung, die kleinen Monster in ein Astronautenkostüm zu stecken, Sie zum Rosenmontagszug zu schleppen und zu hoffen, dass Sie von anderen Eltern karnevalsadoptiert werden. Denn die Rechnung geht nicht auf: Sie erhalten ja im Gegenzug andere Backfische im Raumanzug, und die liegen genauso nutzlos auf der Couch herum wie die eigenen.

Wo, wie und wann also, werden Sie sich spätestens jetzt fragen, können Sie sich als Imi am besten oder überhaupt in das jecke Treiben integrieren? Kann bei all diesem Elend überhaupt wahre Freude aufkommen oder zumindest Stimmung? Die verborgene, aber durchaus nicht verschlossene Tür für Ihre Kontaktaufnahme nennt sich: »Veedelszoch«.

Dabei handelt es sich um einen der vielen kleinen Umzüge innerhalb Ihrer Nachbarschaft. Wobei das Wort »klein« hier relativ zu bewerten ist, denn auch hier gibt es natürlich jede Menge prächtig gestalteter Wagen, Spielmannszüge und viel zu viel Kamelle und anderes Wurfmaterial, genau wie beim »großen« Rosenmontagszug. Diese Umzüge sind bisweilen schon niedlich und anrührend, da ja sämtliche köl-

IHRE AUFGABE BESTEHT DARIN, SO OFT, SO LAUT UND SO ENTHUSIASTISCH SIE KÖNNEN »KAMELLE« ODER »STRÜSSCHE« ZU SCHREIEN.

sche Nachbarn in ihrer Funktion als Lehrpersonal, Gastwirt, Schulkind oder »Stammesangehöriger« an dem ganzen Brimborium mitgeschuftet haben, allerdings sind sie weit mehr als eine Legoland-Version des »echten« Karnevalszugs. Auch hier nimmt sich jeder Jeck sehr ernst, und Ihre Aufgabe besteht darin, so oft, so laut und so enthusiastisch Sie können »Kamelle« oder »Strüßche« zu schreien. Und während Sie sich demütigst auch nach dem widerlichsten Zuckerzeug herabknien, um es aus Pfützen, Konfetti und Luftschlangen zu befreien (das gute Zeug überlassen Sie natürlich den »Pänz«, also den Kindern!), bekommen Sie die in sehr viel Plastik verpackten Blumen direkt in die Hand gereicht, natürlich niemals ohne dabei vom Übergeber gebützt zu werden. Und in dem Moment, in dem Sie denken, Sie können nicht mehr brüllen, stehen, sich bücken oder noch mehr Clownsspucke auf Ihrer Wange ertragen, haben Ihre Nachbarn ein Einsehen: Sie nehmen Sie unter beide Arme, und sie werden von all Ihrer Last befreit. Sie müssen nicht mehr feiern, Sie werden gefeiert. Man tanzt Sie durch die Nacht, füttert und tränkt Sie, und dann geschieht wieder ein Wunder: Ganz egal, wie raffiniert Sie sich verkleidet haben, Ihre Nachbarn erkennen Sie auch nach Aschermittwoch wieder! Sie sind angekommen, in unserm Veedel.

Und wenn Sie jetzt laut aufseufzen und meinen, dass diese Form des Karnevals, der streckenweise wie ein Gemälde von Hieronymus Bosch anmutet (und noch viel entsetzlicher riecht als die Vorlage dafür), wirklich das Grauenhafteste ist, was sich ein Mensch antun kann, dann empfehle ich Ihnen: Verbringen Sie den Februar doch einmal in Westfalen. Und nein, ich spreche nicht von einem Kaff in der Provinz, sondern stehen Sie doch mal da Spalier, wo die Lebensqualität in Mitteleuropa angeblich so großartig ist, wo jeder Einwohner mindestens zwei Fahrräder besitzt und die Preußen immer noch nicht das Fußballspielen gelernt haben. Genau: Nehmen Sie am Rosenmontagszug in meiner Heimatstadt Münster teil. Denn erst, wenn Sie angeschaut haben, wie der stetige Nieselregen die schlampig aufgetragene Schminke aus den ernsten Gesichtern wäscht und sich die traurigen Grüppchen schon am Nachmittag zerstreuen, kleine und größere Kinder weinen, wenn Sie auf steinharte Pumpernickelbrocken beißen, die zuvor lieblos in Bonbonpapier eingerollt wurden, dann, ja dann wissen Sie erst, was, wann und wo wirklich *kein* Spaß ist. Darauf ein: Kölle Alaaf!

DIE KÖLSCHE KÜCHE

Was hilft gegen Flönz?

Die ursprüngliche kölsche Küche ist vor allem deftig. Bei der Kreation der wenigen, aber einfachen Traditionsgerichte scheinen sich die Menschen damals vor allem zwei Fragen gestellt zu haben, nämlich: »Passt das zu einem Kölsch?« und »Wirkt es gegen die Folgen von zwölf Kölsch?« Und erst, wenn eine Rezeptur diese beiden Kriterien erfüllte, wurde sie auf die kurze Liste der Leibspeisen gesetzt, die von allen Kölnern und sogar jedem Imi einfach nachzukochen sind. Wobei das Wort »kochen« in den meisten Fällen eine etwas zu hochgegriffene Vokabel ist. Oft genügt das halbwegs liebevolle Arrangieren von vorgefertigten oder rohen Zutaten, um Ihren kölschen Gästen ein Strahlen ins Gesicht zu zaubern. Also keine Angst vor kulinarischen Herausforderungen wie etwa dem legendären »Halven Hahn«! Natürlich wissen Sie längst, dass es sich bei jener Spezialität in dieser Stadt eben nicht um einen zerteilten und gegrillten Gockel handelt, sondern um ein raffiniertes Katerfrühstück, dass aber zu jeder Tageszeit serviert werden kann. Die Grundzutaten erhalten Sie in jedem gutsortieren Delikatessengeschäft, sprich, Sie können den dafür erforderlichen Käse (sowie Butter, Senf und wahrscheinlich auch irgendetwas, was als Paprikapulver durchgehen wird) fast an jedem Büdchen erstehen. Die dazugehörigen Brötchen kaufen Sie entweder kurz vor Ladenschluss oder schon am Vortag in der Bäckerei ein, im Notfall können Sie auch Vollkorntoast zu einem Röggelchen formen. Wichtig sind bei der Zubereitung und der Präsentation für Kölner wiederum nur zwei Dinge:

1. Das Verhältnis der Ingredienzien zueinander. Für die Gäste nur das Beste, also viel von dem guten Zeug! Falten Sie die Käsescheiben also vierfach, und füllen Sie den Senf in individuelle, aber nicht zu kleine Müslischalen ab!

2. Die Zwiebel macht's! Haben Sie immer, wirklich immer Zwiebeln (kölsch: Öllisch) im Haus, und lernen Sie, diese ortstypisch zu servieren, nämlich roh und in mittelfeinen Ringen! Die Lieblingsknolle der Kölner in kleine Würfelchen zu zerhacken und auch noch anzubraten gilt hingegen bei diesem Gericht als Angeberei, zudem nehmen Sie durch diese zeitraubenden Sperenzchen ja in Kauf, dass Ihre Gäste derweil am Tisch verhungern! Außerdem können Sie unter einer großen Portion aufgefächerter Zwiebelringe geschickt KEINE Gürkchen verstecken, zumal Sie diese schlicht beim Einkauf vergessen haben. Niemand wird Ihnen dieses Missgeschick übel nehmen, solange der Nachschub an rohen Zwiebeln gesichert ist.

Der folgende Hauptgang sollte nun aber doch Abwechslung für den gestählten Gaumen bieten, sprich: Die Zwiebeln dürfen nun doch angebraten werden, und zwar völlig gleich, ob Sie hierzu als Sättigungsbeilage »Himmel un Ääd« oder »Flönz« servieren. Ersteres ist eine Art Auflauf aus Äpfeln und Kartoffeln, der in anderen Landstrichen unter ähnlichen Namen und in ähnlichen Landstrichen unter vollkommen anderen Namen bekannt ist. In Kochbüchern wird er daher oft unter »einfach, schnell und lecker« geführt, was natürlich nichts anderes bedeutet, als dass der Gastgeber keinen Sinn darin sah, die Zutaten zu Reibekuchen mit Apfelmus zu verarbeiten. Schließlich riecht die Wohnung ja schon tüchtig nach Zwiebeln. »Flönz« mag für Sie vielleicht wie das Geräusch klingen, das ertönt, wenn die Hinterlassenschaften einer trägen Stadttaube auf Ihr Autodach klatschen, aber seien Sie beruhigt: Bei »Flönz« handelt es sich um Blutwurst oder auch »Blodwoosch«. Extrem grobe Blutwurst, mit sehr dicken Fettstücken drin. Das Beste und die Reste vom Schwein, schwach geräuchert, dann stark komprimiert. Dafür sind auch garantiert keine Mehlbeimischung oder andere pflanzliche Bestandteile enthalten (Ausnahme hierbei natürlich Gewürze wie etwa: Zwiebeln!). Falls Sie einen Vampir bewirten, können Sie diesem also wahrscheinlich »Flönz« unterjubeln, und er wird nicht davon sterben. Vielleicht eher zum Leben erwachen. Unnötig zu erwähnen, dass »Flönz« in mindestens fingerdicken Scheiben serviert wird. Und natürlich ebenfalls zu »Himmel un Ääd« dazugehört, als Beilage. Rechnen Sie dann einfach folgendermaßen: Pro Person die Hälfte von dem, was als Hauptgericht veranschlagt würde, und nehmen Sie es dann mal zwei.

Vielleicht denken Sie jetzt: Als Vegetarier oder Veganer beißen Sie hier in den sauren Apfel. Beziehungsweise die rohe Zwiebel. Aber die Kölner wären keine Kölner, wenn Sie sich nicht auch Problemfällen wie Ihnen annehmen würden. Erst vor wenigen Jahren erhielt bei dem seit 1977 ausgetragenen Flönz-Cup eine rein pflanzliche Variante den Sonderpreis! Sie haben also die Möglichkeit, aus verschiedenen Bohnensorten und Gewürzen ein Blutwurst-Look-Alike entweder käuflich zu erwerben oder selbst zu pressen und ja, mit der richtigen Menge Zwiebeln und Kölsch auch waschechte Kölner davon zu begeistern. Eine andere Alternative ist, einfach die Finger von der heimischen Küche zu lassen, denn selbstverständlich sind wir hier auf der Höhe der Zeit: Es gibt in Köln unzählige Supermärkte, Feinkostgeschäfte, Restaurants, Cafés, Imbisse und Marktstände, die sämtliche denkbaren und undenkbaren Speisen aus aller Welt anbieten. Und auch die Kölner, weltoffen und neugierig wie sie eben sind, nutzen diese Angebote oft und gern, sonst wären sie ja längst alle durch Diabetes, Bluthochdruck und Überzwiebelung dahingerafft worden.

Also, statt sich am Nachkochen der kölschen Küche zu versuchen: Warum nicht einfach mit neuen Bekanntschaften über einen der fast an mittlerweile jedem Wochenende stattfindenden »Food Markets« schlendern? In manchen Fällen zahlen Sie da sogar keinen Eintritt für nichts, sondern können gratis an gesottenen Chiasamen schnuppern, sich gemeinsam über die gesalzenen Preise für ungesalzene Gemüsechips wundern oder darüber diskutieren, welche Sau in welchem Garzustand wohl als nächstes durchs Dorf getrieben wird, nachdem der »Pulled-Pork-Trend« wohl langsam abflaut. Apropos flau: Wenn Sie sich bei der ganzen Vielfalt auf einem solch hippen Food Market nicht für ein Gericht entscheiden können: einfach die kostenlosen Probierhäppchen dankend annehmen und zum Neutralisieren danach immer in die mitgebrachte rohe Zwiebel beißen. So sichern Sie sich die Hochachtung Ihrer Kölner Bekannten, wirken dem Vitamin-C-Mangel entgegen, und wahrscheinlich teilt sich auch die Menschenmenge vor Ihnen, wenn Sie sie nur ganz höflich anatmen.

DIE KÖLNER, WELTOFFEN UND NEUGIERIG WIE SIE EBEN SIND, NUTZEN DIESE ANGEBOTE OFT UND GERN, SONST WÄREN SIE JA LÄNGST ALLE DURCH DIABETES, BLUTHOCHDRUCK UND ÜBERZWIEBELUNG DAHINGERAFFT WORDEN.

1. FC KÖLN

Vom Hoffen,
Bangen und Böcke schießen

Es gibt Orte und Gemeinden, die niemand kennen würde, wenn diese nicht Heimat eines überragenden Fußballvereins wären. Und es gibt Weltstädte, die sich zusätzlich mit einem oder sogar zwei Rekord-Champions schmücken können. Dann gibt es noch Köln. Hier findet Fußball nicht nur phasenweise in einer völlig anderen Liga statt, sondern ist mitunter ein komplett anderes Spiel. In einem Paralleluniversum.

Wenn Sie sich ein wenig für den Sport interessieren, also nicht nur eine ungefähre Ahnung haben, wo der Ball während eines Spiels landen sollte, sondern ein glühender Fan einer bestimmten Mannschaft sind, können Sie diese Anhängerschaft in Köln natürlich zugeben. Sogar in Form von Wimpeln, Autoaufklebern und Kaffeetassen öffentlich zeigen. Es sei denn, es handelt sich dabei um ein Team, gegen das der 1. FC Köln kürzlich verloren hat. Oder vor langer Zeit. Oder gegen das der FC bald verlieren wird. Es ist also ratsam, weder die Leidenschaft für erfolgsverwöhnte Bajuwaren, noch für die E-Jugend von Buxtehude allzu weit heraushängen zu lassen, wenn man die Kölner nicht vergrätzen will. Kleines Trostpflaster: Gegen sämtliche Vereine aus der näheren Umgebung, also dem gesamten Land NRW, hegen die Kölner keinen Groll. Es verbindet sie lediglich eine lose Feindschaft mit all jenen Clubs, die die Arroganz besitzen, länger als eine Saison in der 1. Bundesliga zu verbringen. Das ist doch unhöflich oder zumindest nicht zeitgemäß. Klar, bis 1998 haben die Kölner das auch gemacht, einst sogar 35 Jahre am Stück und teilweise sogar aus eigener Kraft, aber: Wo bleibt denn der wahre Fußball, wo die Spannung und das Herzklopfen, wenn das ganze Drama drum herum fehlt? Oder zumindest das Boulevardtheater mit ebenso verwirrender wie verwirrter Besetzung.

Bälle in ein Tor treten, das kann schließlich jeder trainierte Hamster. Aber bei wirklich wichtigen Spielen auch gleichsam putzig wie orientierungslos auf dem Feld herumzustehen wie schlaftrunkene Kleinnager: Das vermögen nur die Profis des 1. FC Köln.

Sie sollten also versuchen, diesen Club lieb zu gewinnen. Wenn Sie immer schon Sympathien für Underdogs hegten, dürfte Ihnen das auch gar nicht schwerfallen. Natürlich gab und gibt es beim »Eff-Zeh« auch überbezahlte Lichtgestalten, und zwar nicht nur durch Zukäufe von anderen Vereinen. Aber wenn es um die wichtigste Ne-

bensache der Welt geht, verzichten die Kölner ausnahmsweise mal auf Glanz, Prunk und Glamour. Nicht nur die rot-weißen Heimtrikots der Spieler wirken so anrührend niedlich wie eine Zwergenuniform, nein, auch ihr Maskottchen ist ein echtes Tier und ausnahmsweise mal kein Betrunkener im Kostüm. Sondern ein wahrer Ziegenbock aus Fleisch und Blut, stets gehörnt und zum Meckern bereit. Bei jedem Heimspiel wird der derzeit amtierende Hennes über den Rasen geführt, und Sie können ihm förmlich ansehen, dass er stets genau dasselbe denkt wie seine elf Mannschaftskollegen auf dem Feld, nämlich: »Soll ich jetzt mitspielen oder lieber so lange am Rand grasen, bis es endlich vorbei ist?«

Selbstverständlich können wir in diesem Kapitel auch den anderen großen Helden des 1. FC Kölns nicht unerwähnt lassen: Lukas »Poldi« Podolski. Er war und ist ein Botschafter für die kölsche Lebensart, ein manchmal unfreiwilliger Meister darin, die riesige Blase aus Neid, Korruption und Glorifizierung, die den Herrenfußball weltweit umgibt, auch mal mit stumpfem Werkzeug platzen zu lassen. Zumindest vorübergehend. Denn Herr Podolski verweigert sich einfach jeglicher Arroganz, die man ihm allzu gern andichten würde. Wenn ihm die Presse einen Parcours aus Fettnäpfchen aufbaute, konnte man sicher sein, dass er diese zunächst ungeschickt umschiffte, um dann, kurz vor dem Ziel, in sein ganz privates Schmalzfass zu springen – und zwar mit Anlauf und

WO BLEIBT DENN DER WAHRE FUSSBALL, WO DIE SPANNUNG UND DAS HERZKLOPFEN, WENN DAS GANZE DRAMA DRUM HERUM FEHLT?

einem schelmischen Lächeln im Gesicht. Während man sich bei Interviews mit anderen Weltklasse-Spielern oft beruhigt denkt: »Na ja, der hat es halt eher in den Beinen als im Kopf«, so waren Podolskis Antworten auf bescheuerte Fragen stets avantgardistische Kunst. Oder zumindest Punkrock. Stets viel komischer als die komischen Fragen. Unvergessen bleibt mir vor allem Poldis Statement im Rahmen der Pressekonferenz zur Europameisterschaft im Jahr 2008: Deutschland und Polen trugen ihr gemeinsames Eröffnungsspiel an jenem Tage aus, und irgendwie wollten die anwesenden Journalisten den gebürtigen Polen wohl dazu bringen, in einen Gewissenskonflikt zu geraten. Nach allzu subtilem Herumstochern in nicht vorhandenen Wunden wurde Lukas Podolski dann gefragt, wie denn der Mädchenname seiner Großmutter lauten würde. Die ebenso erfrischende wie betäubende Antwort darauf lautete: »Keine Ahnung. Ich sach Omma für die.« Ja, wenn einer weiß, wie man übereifrigen Pressemenschen den Wind aus den Segeln nimmt, dann er, Prinz Poldi der Erste und Einzige. Aber auch sonst weiß der kölsche Jung, was »Freunden beispringen« bedeutet. Auch wenn er nur als Zuschauer im Stadion sitzt und die Kameras sich sensationslüstern auf attraktive Spielerfrauen richten – ist Lukas Podolski in der Nähe, dürfen wir sicher sein, dass er feixend ins Bild hüpft. Wenn die ganze Nation darüber diskutiert, ob der Löw sich nun die vollständig bekleideten Kronjuwelen eigenhändig zurechtgerückt hat oder nicht und ob jene privaten Bilder denn öffentlich hätten ausgestrahlt werden müssen, beendet der Prinz die Spekulationen mit einem Gleichnis über die Gleichheit, nämlich: »Ich glaube, 80 Prozent von euch und auch ich kraulen sich mal an den Eiern.« Ja, Glaube ist das eine Standbein für die (ehemaligen) Spieler und (immerwährenden) Fans des 1. FC Köln, Liebe und Hoffnung die beiden anderen. Die Liebe zum Verein behalten die Spieler auch bei, wenn Sie an einen anderen Verein verkauft wurden. Dann schießen sie dort entweder keine Tore, oder sie werden gar nicht erst eingesetzt. Es wäre also unfein, von Arbeitsverweigerung zu sprechen. Es verhält sich eher so, dass ein echter Kölner eben nur auf dem Feld aufblüht, auf dem er verwurzelt ist. Um über sich hinauszuwachsen, braucht er dann nur noch das sonnige Strahlen der treuen Fangemeinde und den Regen aus deren Freudentränen. Der sollte aber schon auf jede halbwegs gelungene Aktion folgen, also etwa das richtige Binden der Schuhe, und nicht erst beim Wiederaufstieg in die erste Liga. Ja, beim Eff-Zeh ist Inklusion keine Einbahnstraße. Sondern eine Sackgasse.

Sie müssen es zugeben: Nichts ist einfacher, als diesen Verein zu lieben. Oder besser gesagt wird es mit der Zeit immer schwieriger, sich hier für andere Mannschaften zu begeistern, deren fortwährender Klassenerhalt doch recht langweilig wird. Und nein, niemand wird es Ihnen ernsthaft verübeln, wenn Sie als gebürtiger Dortmunder die Siege des BVB bejubeln. Jeder Kölner Chef wird Ihnen spontan einen Tag Urlaub geben, wenn Ihre Schalker, Hoffenheimer, Bremer oder Stuttgarter doch noch überraschend im Halbfinale stehen und Sie Tickets für das Spiel ergattern konnten. Sollten Sie aus welchen Gründen auch immer Bayern-Fan sein, müssen Sie den Urlaub natürlich weit im Voraus einreichen. Diese Veranstaltung ist ja wohl oder übel planbar, nicht wahr? Und falls Sie immer noch nicht davon überzeugt sind, dass der Kölner Traditionsverein großartig ist und bleibt: Gehen Sie ins Stadion. Besser gesagt: Fahren Sie dorthin, und lassen Sie sich schon in der Straßenbahn anstecken von dieser ganz besonderen Stimmung, die sonst wohl nur unter den Gladiatoren in Rom herrschte. Lassen Sie sich berauschen, allein durch die kölschgeschwängerte Atemluft Ihrer Mitreisenden, tauchen Sie im rot-weißen Meer, taumeln Sie schon glückselig vor Anpfiff in die Arena, denn in den allermeisten Fällen besteht nach Spielende keinerlei Gelegenheit dazu.

Tatsächlich sorgt die zu erwartende Niederlage des FC für die ab und zu doch notwendige Tiefenreinigung des kölschen Gemüts. Hier ärgert man sich kräftig, aber nicht lange über verpatzte Chancen, sondern meckert nur, dem Hennes gleich, kurz und kraftvoll, und stellt etwas bockig fest, dass man vielleicht doch nicht auf jedem Gebiet jederzeit gottgleich ist. Dann vergisst man auch diesen absurden Gedanken wieder ganz schnell und feiert ein wenig leiser als sonst weiter. Durch diese Taktik haben die Kölner Fans wie keine zweiten das Grundgesetz des Fußballs nicht nur verinnerlicht, sondern auch ergänzt: »Nach dem Spiel ist vor dem Spiel, und dazwischen ist halt Karneval.« Daher ist es wichtig, dass Sie nicht nur einmal, sondern mindestens ein zweites Mal ins Stadion ziehen oder das Geschehen auf dem Platz wenigstens in einer Kneipe verfolgen. Denn es gibt kaum ein faszinierenderes Schauspiel als jenes, welches die Kölner Fußballfans aufführen. Denn selbst, wenn es rein rechnerisch gar keine Chance mehr für den FC gibt, den Klassenerhalt zu sichern: Wenn der 1. FC Köln dieses letzte, völlig unwichtige Spiel gewinnt, freuen sich die Kölner nicht so, als hätten sie die Bundesliga doch noch gewonnen. Sondern so, als wären sie gerade Weltmeister geworden.

NACHTLEBEN

Ausgehen ohne Einzugehen

Die Voraussetzungen für Feierfreudige scheinen zunächst perfekt: Wir befinden uns in einer Großstadt, in der niemand schlafen kann, das Angebot an Kultur und Kneipen ist extrem breit gefächert, für jeden Geschmack ist etwas dabei. Aber auch wenn der Ihre besonders exklusiv und elegant sein sollte, bedenken Sie: Ausgehen ist in Köln vor allem Sport. Genauer gesagt ein Triathlon aus Orientierungslauf, Extrem-Camping und Trockensurfen. Das beachtliche Teilnehmer-feld ist wild gemischt, und oftmals lassen sich die Profis von den Amateuren nur dadurch unterscheiden, dass Letztere schneller wieder an der vermeintlichen Ziellinie angespült werden. »Moment« werden Sie jetzt vielleicht denken, »woher will die Autorin wissen, wie ich in diesem riesigen Vergnügungspark mit seinen abertausenden Möglichkeiten einen gelungenen Abend verbringe? Oder gar, wo ich diesen beende?«

Nun ja, es braucht keine hellseherischen Fähigkeiten oder eine Spionagesoftware, um die Wochenendroute eines Imis zu kennen. Es reicht vollkommen aus, einen kurzen Blick auf die Gewohnheiten und Vorlieben der Einheimischen zu werfen. Und dank jahrhundertelangem Training durch Karnevalszüge ist es für jene ein Leichtes, uns von den Vorteilen ihrer Rituale zu begeistern beziehungsweise uns einfach zu den vermeintlich besten Oasen mitzuziehen. Somit ergeben sich folgende Strecken, auf denen Ihr ausgelassener Feierabend verlaufen wird:

1. Sie planen einen gemütlichen Kneipenabend mit Freunden

Eine Frage: Wie haben Sie sich das genau vorgestellt? Sie treffen sich mit ein paar Leuten, gegen 20 Uhr, trinken ein paar Gläser bei einer angeregten Unterhaltung, und dann begeben sich kurz vor Mitternacht auf den Heimweg, damit der Sonntag nicht vollständig verschlafen wird? Das werden die Kölner nicht zulassen. In deren Augen gleicht es einer Feierverweigerung, wenn Sie sich in trauter Runde in einer Lokalität niederlassen, ohne zuvor etwas erlebt zu haben. Oder ohne dass Sie beweisen können, im Anschluss an Ihr fünftes Kölsch noch etwas anderes erleben zu wollen! So sehr Gemütlichkeit sonst auch geschätzt wird, Sie müssen sich diese verdienen. Kölner haben ein sehr empfindliches Ohr dafür, wenn ein Rudel Imis meint, es könne einfach nur dasitzen und ein kleines Feld von Small-Talk-Themen abgrasen. Normalerweise wird ein Aufscheucher an Ihrem Tisch auftauchen, und Sie mehr oder weniger subtil fragen, wie Ihre weiteren Pläne für den Abend sind. Und wenn Sie da keine Eintrittskarten für Theater, Oper, Kino oder Zirkus vorlegen können, folgt eine Live-Vorstellung der Impro-Theatergruppe »Die Kölner Hirtenhunde«, die sich automatisch in jeder Eckkneipe formiert. Sie werden freundlich von allen Seiten angebellt, Ihr Ehrgeiz wird gezwickt, letztendlich werden Sie dazu angetrieben, sich doch mal diese oder jene Kölner Attraktion anzusehen, und zwar: jetzt. Wenn Sie Renitenz an den Tag legen, werden Sie mit lautstarken Tiraden auf Kölsch bestraft, unter Umständen erscheint aus dem Nichts ein »Reserviert«-Schild auf Ihrem Tisch. Und wenn Sie dann hoffentlich endlich gehen, werden alle wieder zu freundlich hechelnden Border Collies, die Ihnen nachrufen: »Und erzählt später mal wie es war!« Nach dieser kölschen Variante eines betreuten Escape Rooms stehen Sie dann vielleicht unschlüssig vor der Kneipentür, und Ihnen bleibt nichts anderes übrig, als nach Hause oder doch etwas erleben zu gehen. Nach einem Zwischenstopp am Büdchen werden Sie dann von einer zu anderen Lokalität gejagt, und landen letztlich, und zwar ganz gleich aus welcher Himmelsrichtung Sie starten: auf den Ringen.

2. Sie planen Kulturgenuss

Das ist sehr löblich. Bedenken Sie jedoch, Ihre Information, was Zeit und Ort der von Ihnen angepeilten Darbietung angeht, halbstündlich und vor allem kurz vor Beginn auf Ihre Aktualität hin zu überprüfen. Dabei hilft das Internet, besonders die sozialen Netzwerke. Über höchstens drei Ecken wird irgendjemand wohl den Techniker/die Technikerin kennen, der/die für die Beleuchtung an jenem Abend am ursprünglichen Aufführungsort zuständig ist. Senden Sie dieser Person eine Freundschaftsanfrage, folgen Sie ihr auf Twitter oder werden Sie ihr Top-Fan. Denn nur wenn Sie wissen, wo, wann und ob die wirklich wichtigen Leute arbeiten, werden Sie live dabei sein. So können Sie noch im letzten Moment herausfinden, ob »La Traviata« nun doch im Musical Dome aufgeführt wird, weil ja die Oper renoviert wird. Oder ob auf das Schauspielhaus ausgewichen werden muss, wo allerdings noch das Bühnenbild von »Grease« steht, weil ja im Keller der Stadtwerke zufällig ein Geheimzugang zum Römisch-Germanischen Museum entdeckt wurde, und nun geprüft wird, ob man das Promi-Comedy-Rodeo nicht ins Dionysos-Becken verlegen könne, weil sonst die Proben der Clowns-schule mit der Burlesque-Show der freien Verlage kollidiert. Sie merken, Kultur haben wir hier genug, es hapert nur an der Logistik (siehe auch Kapitel »Bausünden« und »Verkehr«). Und alles, was seit Jahren verlässlich an zuvor festgelegter Stelle stattfindet, ist automatisch eine Kölner Institution, folglich über Monate und Jahre hinweg längst ausverkauft. Wenn die Karten dafür überhaupt für Normalsterbliche auf

NACH EINEM ZWISCHENSTOPP AM BÜDCHEN WERDEN SIE DANN VON EINER ZU ANDEREN LOKALITÄT GEJAGT, UND LANDEN LETZTLICH, GLEICH AUS WELCHER HIMMELSRICHTUNG SIE STARTEN: AUF DEN RINGEN.

dem freien Markt erhältlich sind. Da die Kölner sich dieses Problems durchaus bewusst sind, haben sie nun einen para-karnevalistischen Lösungsweg beschritten: Ganz egal ob Hochkultur oder seichtere Unterhaltung, Musik, Tanz oder Literatur, das Motto lautet: »Wir werfen die Bonbons nicht mehr bunt gemischt aus dem fahrenden Wagen, sondern lassen jeweils einen ganzen Zentnersack von einer Sorte runter-fallen, an zentraler Stelle, dann kommen auch mehr Leute auf einen Fleck. Und wer am Ende doch nichts abkriegt, hat-te wenigstens Körperkontakt.« Letztendlich ist dank Sum-merjam, lit.COLOGNE, dem Köln Comedy Festival, der Gamescom, der Art Cologne, der c/o pop, dem Ehrenfeld-Hopping, der Tour Belgique, den Kölner Lichtern und vielen, vielen weiteren Highlights tatsächlich immer für jeden was dabei, außer einem Durchkommen durch das allgemeine Gewühl. Die lange Nacht der Museen unterscheidet sich nur insofern von Der langen Nacht der Theater, als dass man bei der einen nur mit Glück einen raschen Blick auf Gebilde von Kunst, bei der anderen auf Gebaren von Künstlern erhaschen wird, wenn man sich an das Konzept hält. Welches schlicht lautet: »Verpassen Sie drei Vorstellungen zum Preis von Vie-ren.« Wenn Ihnen also schon fünf Tage Karneval genug sind, meiden Sie kulturelle Massenumzüge, und besuchen Sie die Kulturtempel und Spaßkapellen dann, wenn parallel gerade Sportgroßveranstaltungen stattfinden beziehungsweise um-gekehrt. Die Künstler werden es Ihnen danken und die Ma-rathonteilnehmer wahrscheinlich auch. Bedenken Sie nur, dass jeder noch so berauschenden Darbietung die brutale Ernüchterung folgt. Auf der Suche nach einem Taxi landen Sie wieder: auf den Ringen.

3. Sie sind ein VIP (wenn auch nur für eine Nacht)

Wie schön für Sie! Werden Sie eine Rede halten, haben Sie einen Preis gewonnen, oder jenen nur redlich verdient? Sind Sie Ehrengast bei einer Benefiz-Gala oder müssen Sie ein Schiff taufen? Und wird das Fernsehen live dabei sein?

Dann gibt es jetzt zwei Möglichkeiten: Sie halten Ihre Exklusiv-Einladung unter Verschluss, und begeben sich allein und auf kürzestem Weg zum Veranstaltungsort. Wenn große Abendgarderobe verlangt wird, ist das Verkehrsmittel Ihrer Wahl ein Taxi oder eine Limousine mit verdunkelten Scheiben. So erscheinen Sie wahrscheinlich pünktlich und angemessen angezogen am Zielort, allerdings hilft dieses Vorgehen nicht gegen eventuelles Lampenfieber und Kontaktarmut. Sie sollten diese Möglichkeit nur in Betracht ziehen, wenn Sie gern dekorativ in einer stillen Ecke stehen möchten, stundenlang. Falls Sie diesen Job aber lieber einer antiken Vase überlassen wollen, müssen Sie sich erneut von den Kölnern helfen lassen – und Ihre Prioritäten neu ordnen, gemäß der Fragestellung: »Will ich den großen Auftritt, oder den festen?«

Denn egal wie feierlich der Anlass sein mag: Die Kölner sorgen für einen entspannten Vorlauf, Sie müssen aber das passende Schuhwerk parat haben. Also entweder gut eingelaufene Wanderschuhe oder eben die handgenähten Slipper, Riemchenpumps UND ein Paar alte Turnschuhe zusätzlich. Die können Sie später einfach entsorgen, oder in Ihrem Rucksack verstauen, nebst Ihrem Handtuch. Ja, was Douglas Adams schon in seinem legendären Reiseführer »Per Anhalter durch die Galaxis« empfohlen hat, gilt auch und im Besonderen für Köln. Rüsten Sie sich am besten vor jeglicher

Abendveranstaltung wie für einen Abstecher zum Baggersee aus. Vor allem im Sommer (der hier beginnt, sobald kein Konfetti mehr, sondern nur noch schnödes Wasser in erträglichen Mengen vom Himmel regnet) wird Ihr Abend mit Kölnern in Köln niemals auf dem roten Teppich beginnen. Sondern immer auf einer Grünfläche. Denn so gern man sich hier auch herausputzt, hat Gemütlichkeit dem Glamour gegenüber stets Vorfahrt. Die Einheimischen werden also alles tun, um Ihre eventuelle Anspannung in Entspannung zu verwandeln, Entschleunigung auf Rasenflächen ist hier nicht nur Fußballspielern vorbehalten, sondern Teil des allgemeinen Ehrenkodex. Alles was Sie tun müssen, ist, sich etwa vier Stunden vor dem eigentlichen Veranstaltungsbeginn samt mittelschwerem Gepäck vor Ihrer Haustür aufzustellen. Findet die Sause linksrheinisch statt, werden Sie von der vorbeiziehenden Herde mitgenommen und zum Aachener Weiher geführt. Wenn Sie möchten, nehmen Sie diesen unspektakulären Tümpel in Universitätsnähe ruhig mal ohne Druck in Augenschein. Sie werden feststellen, dass dieser ein hundsgewöhnlicher Ententeich ist, der wirklich alles andere als idyllisch gelegen ist. Aber genau darin besteht das Geheimnis: Es ist Ihre Aufgabe, sich auf die Wiese zu legen und das Idyll vortäuschen! Fake it, till you make it! Natürlich ist das nicht

DANN KAM MAN AUF DIE GENIALE IDEE, EIN PAAR KLOBIGE BETONSTUFEN ANS UFER ZU HACKEN UND DIESES LANDSCHAFTS-VERSCHANDELNDE TREPPENMONSTRUM »RHEIN-BOULEVARD« ZU TAUFEN.

entspannend, sondern Arbeit. Ein Kno-
chenjob. Sie müssen sich freundlich aber
bestimmt einen Platz für Ihr Handtuch
sichern, der im Idealfall nicht in der Ein-
flugschneise von zwei rivalisierenden
Frisbee-Spieler-Gruppen liegt. Sie müssen
freundlich lächeln lernen, auch wenn Sie mit
dem linken Fuß in einem Einweggrill und mit dem rechten
in Hundekot stehen. Aber wenn Sie das hinbekommen, werden Sie irgendwann den Straßenlärm als beruhigend empfin-
den, und die Geruchsbelästigung als erträglich. Wenn Sie
einen Nachmittag am Aachener Weiher überlebt haben, können Sie im Anschluss mit Leichtigkeit ein Museum einwei-
hen, mit der koreanischen Botschaftsdelegation eine flotte
Sohle aufs Parkett legen oder auch ein Heavy-Metal-Konzert
in der ersten Reihe genießen. Denn die harte Schule der Liege-
wiese hat Ihnen nicht nur ein völlig neues Körpergefühl, sondern auch ein ganz andere innere Haltung gegeben, die Sie
für mindestens eine Nacht denken lässt: »Meine Klamotten
riechen nach Grillkohle, ich habe Insekten in der Frisur, einen Fußabdruck am Unterschenkel, einen Piepton im Ohr
und mich zwei Stunden lang mit einem dahergelaufenen
Hund und einer größenwahnsinnigen Ente um mein Handtuch gebalgt, während mir meine Sporttasche mit den Party-
Schuhen drin geklaut wurde, also: Was immer ich heute noch
tue, ich kann gar nicht mehr scheitern!«

Was aber, wenn Ihr wunderbares Event auf der Schäl
Sick, also rechtsrheinisch stattfinden sollte? Lange, vielleicht
zu lange, wurden lampenfiebrige Stargäste ebenfalls am Aachener Weiher oder auf dem Grüngürtel zwischengeparkt.

Dann kam man auf die geniale Idee, ein paar klobige Beton-stufen ans Ufer zu hacken und dieses landschaftsverschan-delnde Treppenmonstrum »Rhein-Boulevard« zu taufen. Diese Scheußlichkeit mit Domblick wurde zunächst schlecht, dann aber zu gut von den Entspannungsbedürftigen ange-nommen. Bis heute ist man dennoch glücklich, dass man für sehr, sehr viel Geld herausgefunden hat, dass ein großer Schandfleck Grau auf den Benutzer den gleichen Effekt hat wie ein kleines Stück Grün: Am Rheinboulevard sitzt man ab Mitte März nunmehr genauso gedrängt wie am Aachener Weiher. Und sobald man da wieder wegkommt, wirkt alles andere entspannter. Aber glauben Sie nicht, dass das andere Ufer Sie vor dem unvermeidlichen Ende bewahrt. Die After-Show-Party findet garantiert wieder linksrheinisch statt. Und dann stehen Sie da: auf den Ringen.

Ich weiß, langsam sinkt Ihre Partylaune. Sie fragen sich mittlerweile, weshalb das Begehen der Ringe des Nachts noch furchteinflößender sein soll als das Befahren derselben an ei-nem durchschnittlichen Wochentag. Nun, zum einen ist es der Umstand, dass wir hier nicht von der verkehrstechnischen Zu-mutung in Überlänge reden, sondern von der Zeitmaschine im Kompakt-Format. Wenn Sie sich am Wochenende nach 22 Uhr zwischen Hansaring und Rudolfplatz wiederfinden, werden Sie augenblicklich wieder degradiert: vom Imi zum Touri. Jetzt können Sie behaupten, dass dies eben in der Natur jeder Amüsiermeile liegt. Man gerät eben in unfreiwilliges Staunen, sei es auf der La Rambla in Barcelona oder auf dem Strip in Las Vegas, der Reeperbahn nachts um halb eins, dem Straßenfest in Wanne-Eickel. Aber in Köln liegt die Sache – mal wieder – anders. Auf den Ringen gibt es keine Attraktionen. Es treten dort keine Straßenkünstler auf, es gibt keine historischen Glockenspiele zu betrachten und kein Sterne-Restaurant zu besuchen. Es sind nur ein paar Hundert Meter Systemgastronomie, unterbrochen von Clubs und Kneipen, deren Betreiber unsicher scheinen, ob sie nun die Parodie eines Edelbordells oder den Abklatsch eines Arbeitsamtes führen. Niemand hat sich die Mühe gemacht, die Trostlosigkeit gnädig zu beleuchten, und nein, niemand will dort länger als nötig verweilen. Trotzdem tun es viele. Denn diese unentschlossene Glitzer-Schäbigkeit zieht genau jene Sorte Nachtschwärmer an, deren Hobby das Anstehen ist. Dabei ist es ihnen wurscht, ob sie sich vor einem Imbiss, einem Club oder vor der verschlossenen Tür eines Elektromarkts ihre Füße platt stehen. Hauptsache, sie werden gesehen. Von den Menschen, die sich an ihnen vorbeiquetschen müssen.

Die eine Hälfte der Ringe-Pilger hofft dabei, für älter gehalten zu werden, als sie sind, die andere für jünger. Erstaunlicherweise arbeiten beide Gruppen dafür mit denselben Mitteln, also dem maximalen Einsatz von Make-Up und Haargel, unterstützt von dem äußersten Minimum an Textilien. Aufgemischt wird der Pulk natürlich stets durch Junggesellen-Abschiede. Und Junggesellinnen-Abschiede. Und nein, man kann die Geschlechter nicht anhand ihrer Klamotten oder

WENN SIE SICH AM WOCHENENDE NACH 22 UHR ZWISCHEN HANSARING UND RUDOLFPLATZ WIEDERFINDEN, WERDEN SIE AUGENBLICKLICH WIEDER DEGRADIERT: VOM IMI ZUM TOURI.

ihrer Balzgeräusche unterscheiden. Es ist ein munteres Kreischen und Pöbeln, nur unterbrochen von gelallten Anfragen,
wie man den nun zum Zülpicher Platz gelange. Seien Sie ein
verantwortungsvoller Mensch, und schicken Sie diese Leute
in die U-Bahn, Linie 5. Von dort aus werden sie entweder am
Hauptbahnhof und irgendwann wieder zu Hause landen,
oder am anderen Endhaltepunkt, Butzweilerhof. Dort befindet sich ein schwedisches Möbelhaus, das ein günstiges Katerfrühstück serviert.

Und was bewirkt das Betrachten dieser Gesamtkonstella-
tion im noch nicht völlig vernebelten Geist des Imis? Genau:
Sie fühlen sich alt, spießig und unkölscher als je zuvor. Wenn
ich an einem Freitagabend auf den Ringen lande, denke ich
unweigerlich wie eine Mischung aus Rettungssanitäterin,
Dampframme und meiner Großmutter. Ich will einerseits jedem jungen Mädchen meine Jacke um die Hüften binden,
damit es sich nicht die Nieren verkühlt, im selben Moment
alle niederwalzen, aber gleichzeitig ein Heimlich-Manöver
an einem älteren Herrn anwenden, der sich gerade an seiner
Pizza verschluckt hat. Und das alles macht mich so müde. Aus
jeder U-Bahn, die ich nach Hause nehmen will, wird ein Taxi.

Kölner hingegen nehmen die Ringe des Nachts wie – Kölner. Geschmeidig wie junge Panter umrunden sie die Massen,
grüßen dabei Freunde und Fremde, und irgendwie gelingt es
ihnen immer, rechtzeitig den Ausgang aus diesem gradlini-
gen Irrgarten zu finden. Mittlerweile glaube ich, ihr Geheimnis gelüftet zu haben. Die Kölner sind Ringe-immun. Was für
uns Imis ein undurchdringlicher Morast ist, ist für sie eine
Riesenwelle, die sie nach Ehrenfeld oder Nippes, in die Innenstadt oder sogar über den Rhein trägt. Und es gelingt ihnen

dabei nicht nur lässig auszusehen, sondern sie sind danach hellwach! Und freuen sich wahrscheinlich, dass sie in der nächsten Kneipe einkehren können, um dort zu erzählen, was auf den Ringen wieder los war. Und dabei ist es ihnen egal, wer ihnen zuhört, oder auch nicht. Junggesellenabend-Reste, die sich spontan einer anderen Feierhorde angeschlossen haben, und nun im Venuskeller selbst auf Brautschau gehen, entfesselte Erstsemestergruppen, die überdrehten Austausch- schülern das öffentliche Urinal mitten auf dem Zülpicher Platz erklären, Paare, die sich leidenschaftlich küssen und zwischen- durch an einem Döner naschen, Newcomer-Bands, die ihr Equipment in den Tourbus wuchten, oder alte Partyrecken, die über die horrenden Preise in den Kneipen lamentieren, während sie am dritten Büdchen-Bier nuckeln. Die Kölner sind nur froh, dass sie es mal wieder geschafft haben, alle Menschen, die doch nur ausgehen wollten, über Stunden richtig auf Trab zu halten. Und wer so viel Sport getrieben hat, darf den Sonntag auch gern komplett verschlafen.

KÖLSCHE LIEDER

Musik zum Träumen, Heulen und Schunkeln

Ja, sie singen auch! Und das gern, viel, oft, nicht wenige sogar professionell. Es wäre in diesen modernen Zeiten jetzt ein Leichtes, das Internet zu bemühen, eine Suchmaschine anzuwerfen und sich die elf (natürlich sind es elf, wie viele denn sonst?) beliebtesten kölschen Lieder nebst Übersetzung ins Hochdeutsche anzusehen, aber: Damit bringen Sie sich um den Spaß. Und den süßen Schmerz, der Sie wahrscheinlich zuletzt ereilt hat, als Sie in der Grundschule einen Top-Ten-Hit auf Phantasie-Englisch mitgeplärrt haben. Und dann jemand das Playback ausgeschaltet hat und Sie plötzlich allein grölten. Und alle Sie ausgelacht haben. Um wenig später zuzugeben, dass ihnen das auch mal passiert ist. Denn es ist jedem passiert, der der englischen Sprache (noch) nicht mächtig war.

All diese Missverständnisse haben zu herrlichen Verhörer-Sammlungen geführt, mit der sich noch heute eine wirklich lahme private Party in Schwung bringen lässt, wenn alle anderen Stricke längst gerissen sind. Auch aufstrebende Comedians nutzen den inzwischen sehr bekannten »Agathe Bauer«-Effekt in ihren Bühnenprogrammen. (Ob das jedoch immer von Vorteil ist, steht auf einem völlig anderen Blatt beziehungsweise im Kapitel »Medienstadt Köln«.)

Nun, kein Kölner Kind hat wohl je ein kölsches Lied missverstanden, und hier werden Sie auch niemals in die Situation geraten, plötzlich allein zu trällern. Selbst wenn Sie in Ihren eigenen vier Wänden Ihre Stimme mit kölschem Liedgut trainieren sollten, stimmt spätestens nach dem zweiten Ton die halbe Nachbarschaft mit ein. Und wenn Sie wirklich, so wie ich, sehr lange auf dem Holzweg gewandelt sind, also zum Beispiel dachten, bei der von der Band »Brings« besungenen »Superjeilen Zick« handele es sich um die liebste Stallgefährtin von Ziegenbock Hennes, dann erzählen Sie das niemals einem Kölner. Der lacht nicht kurz, der lacht auch nicht lange. Der weint sich in eine Sinnkrise hinein.

Außerdem gibt es, wie ich zugeben muss, wesentlich mehr als elf wirklich wichtige kölsche Lieder, je nach Gelegenheit. Nicht alle sind Karnevalshits, können aber am späten Abend durchaus zu solchen mutieren. Wie alle Volkslieder wirken sie in Melodie, Aufbau und Aussage zunächst simpel, teils naiv und von einem teilweise absurden Lokalpatriotismus durchzogen. Aber tatsächlich ge-

hen die Kölner nie härter ins Gericht mit ihrer Stadt (und sich selbst), als wenn sie selbige besingen. Sie kennen das vom handelsüblichen Liebeslied: Da gibt es jene über jugendliche Schwärmerei, über Sehnsucht und den Wunsch, dass diese Liebe nicht einseitig bleiben möge. Und solche über das Ende der Liebe, über Enttäuschung, Liebeskummer und Verrat. Kaum ein Stück aus Minne, Klassik, Rock, Pop, Punk oder Heavy Metal handelt davon, dass es zwischen zweien gerade ganz okay läuft, man insgesamt zufrieden ist und die Doppelhaushälfte wohl auch im Herbst abbezahlt ist. Und falls doch, wird es sich um beißende Ironie handeln.

Bei Liebesliedern, die an Städte gerichtet sind, verhält es sich nur ein klein wenig anders: Einige sind natürlich eindeutig Auftragsarbeiten, mit denen Touristen angelockt werden sollen, andere bestärken die Vorurteile und Klischees, die Auswärtige seit jeher über jene Metropolen hegten – und locken noch mehr Touristen an. Ein wirklich ehrliches und funktionierendes Liebeslied für seine Heimatstadt hat einst wohl Herbert Grönemeyer geschrieben: »Bochum«. Die Stadt ist wirklich potthässlich, aber der Song ist großartig. Wenn man ihn hört, möchte man auf keinen Fall ins Ruhrgebiet ziehen, aber versteht doch, wie jemand da herkommen kann, ohne größeren seelischen Schaden zu nehmen. Außerdem

SELBST WENN SIE IN IHREN EIGENEN VIER WÄNDEN IHRE STIMME MIT KÖLSCHEM LIEDGUT TRAINIEREN SOLLTEN, STIMMT SPÄTESTENS NACH DEM ZWEITEN TON DIE HALBE NACHBARSCHAFT MIT EIN.

verzichtet Grönemeyer beim Vortrag dieser Hymne fast komplett auf sein geliebtes Nuscheln, heißt, jeder, der der deutschen Sprache mächtig ist, kann und soll den Text verstehen – akustisch und inhaltlich. Nun: Viele kölsche Lieder sind wie »Bochum«, nur codiert. Man soll den Text eben nicht auf Anhieb verstehen, weder akustisch noch inhaltlich. Die Mundart ist eine Art Schutzschicht, um uns Imis zu schonen. Und diese sollten Sie nicht grob niederreißen, sondern warten, bis sie sich von selbst auflöst. Denn erst dann sind Sie wirklich bereit für die zweite Ebene, die sich hinter manch lustigen Zeilen verbirgt. Zugegeben: Manche Lieder bestehen wirklich nur aus Humba-Humba-Täterä und nichts dahinter. Oder einem schlechten Wortspiel, das zu einem eingängigen Refrain gedehnt wurde, dann hat man drei Schunkelstrophen drum herum gebastelt, und das Endergebnis kann einem nüchternen Menschen nicht einmal ein leichtes Schmunzeln entlocken. Diese Lieder sind auch nicht für nüchterne Menschen, sondern von sehr ernüchterten Menschen geschrieben worden. Denn wer hier einmal einen Karnevalshit landet, der über eine Session hinaus gespielt wird, hat es in dem harten Business geschafft. Eine Band, die einmal den großen Wurf hingelegt hat, muss jetzt nur noch für den Rest ihres Bestehens jedes Jahr für einige Monate die Ochsentour durch Festzelte bei kleinen, großen und mittleren Karnevalsveranstaltungen durchziehen, und schon hat sie keine Geldsorgen mehr. Denn das wird schon erwartet, vom Kölner Publikum: Dass die Musiker live auf den Bühnen stehen, um diesen Hit zu präsentieren, und zwar solange sie noch alive sind und stehen können. So viel zum Thema »man muss auch jönne künne«.

Aber natürlich gibt es viele Kölner Bands, die keine musikalischen Eintagsfliegen erzeugen, sondern stets neues Songmaterial liefern, über Jahrzehnte. Wahrscheinlich, damit Sie selbst nicht durchdrehen oder sich auf der Bühne zu Tode langweilen. Und die Kölner goutieren diesen kreativen Output, indem Sie brav auf die Zugabe warten, bis der alte Hit endlich erklingt. Der darf dann aber auch gern drei- oder fünfmal hintereinander gespielt werden, bis sich jeder in den Schlaf gesungen hat.

Statt also im Folgenden die angeblich elf wichtigsten kölschen Lieder aufzulisten, die Sie kennen und im Zweifelsfall mitsingen müssen, habe ich eine ganz persönliche Top-Eleven aufgestellt, die Ihnen eine mögliche Annäherung an das Genre vermitteln kann. Da sich die Stimmen sämtlicher Sänger (und die der wenigen Sängerinnen) oft tückisch ähnlich anhören, liefere ich zudem die wahrscheinlich unveränderlichen äußeren Kennzeichen der jeweiligen Interpreten gleich mit. Damit Ihnen nicht solche Peinlichkeiten widerfahren wie mir.

1. »Wenn et Trömmelche jeht« – De Räuber

Wie auch für den Imi unschwer zu erraten, geht es in diesem Werk um eine, wenn nicht sogar die Trommel, die … geht. Nun, eher geschlagen wird, von einem Musikanten, als Zeichen für alle, schnell »parat zu stehen«, also auf die Straße, oder zumindest auf den Balkon zu treten, um von dort aus zu schauen, was denn nun wieder los ist. In den meisten Fällen handelt es sich mal wieder um einen Karnevalszug. Aber auch jeder Treffer des 1. FC Köln wird mit diesem Lied bejubelt. Bei Unsicherheiten, welche Jahreszeit gerade herrscht, empfiehlt es

sich also in jedem Fall, mit einem Kölsch anzustoßen. Und parat zu stehen.

Die Band »De Räuber« (kommen Sie, das erste Wort können Sie mittlerweile schon ohne meine Hilfe übersetzen. Tipp: Es handelt sich um einen bestimmten Artikel, Plural, und Sie müssen lediglich ein »i« einfügen, an der richtigen Stelle) haben diesen Klassiker erstaunlicherweise erst in den 1980er Jahren rausgebracht und sich hoffentlich eine goldene Nase damit verdient. Wenn es sich so verhält, geben die musikalischen Banditen aber nicht damit an: Ihr Bühnenoutfit ist für kölsche Verhältnisse reines Understatement: Feuerrote Beinkleider stehen im hübschen Kontrast zu den Allerweltsgesichtern der Bandmitglieder. Allein der Hauptmann trägt eine Kopfbedeckung, wie wohl in jeder Band(e) üblich.

2. »Superjeile Zick« – Brings

Wie oben erwähnt, wird hier kein attraktives Nutztier besungen, sondern eben die »supertolle Zeit«, die, Überraschung, »früher« stattfand. Das Lied ist demnach die kölsche Version von »Those were the Days«, die zwangsläufig aufkommende Wehmut sackt sofort in die Beine ab und wird dort abgetanzt. Dieses Rührstück wird auf jeder Party gegen Mitternacht gespielt. Und dann noch einmal um fünf Uhr morgens, was das Gemeinschaftsgefühl der letzten Gäste stärkt, nämlich, dass die »superjeile Zick« erst vor wenigen Stunden stattfand.

Die Band »Brings« ist, rein äußerlich, keine Kopie, sondern eine konsequente Weiterführung der »Bay City Rollers«. Frei nach dem Filmtitel »Tote tragen keine Karos« sieht man sie, als Rudel oder einzeln, entweder in ihrem Erkennungstartan putzmunter durch die Stadt hüpfen oder sie lächeln einem von Bühnen und Plakatwänden entgegen.

3. »Ich will keine Schokolade« – Trude Herr

Moment, hat sich hier ein Fehler eingeschlichen? Ist das ein Test? Nein, keins von beidem. Natürlich sang Frau Herr ihren Hit nicht »op kölsch«, und wohl auch deswegen ist er mindestens bundesweit beliebt. Aber: »Dat Pummel« war eben en Kölsche und was für eine. Nehmen Sie sich ruhig einmal Zeit, über ihr bewegtes und bewegendes Leben zu lesen. Danach werden Ihnen die Kölner vielleicht etwas knauserig erscheinen, weil sie nur einen Platz in der Südstadt nach ihr benannt haben. Der Song »Ich will keine Schokolade« eignet sich übrigens hervorragend für jeden Imi, egal welcher sexuellen Orientierung, für einen Realitätscheck: Wenn Sie sich fragen, was Sie im Leben (und in Köln) wirklich wollen, kann Ihnen Trudes kraftvolle Stimme vielleicht nicht Ihre ganz persönliche Antwort liefern, versorgt sie aber mit der nötigen Wut und Wucht im Bauch.

4. »Ich bin ene Kölsche Jung«

Wenn Sie sich als Klugscheißer unbeliebt machen wollen, erwähnen Sie ruhig überall, dass es gar nicht Willy Millowitsch

HÄNGT DER HAUSSEGEN SCHIEF, WIRD DER REFRAIN GESUMMT ÜBERREICHT, MEIST MIT EINEM BLUMENSTRAUSS, DESSEN GRÖSSE VON DER SCHWERE DES BEGANGENEN FEHLTRITTS IHRES PARTNERS ABHÄNGT.

war, der das Lied komponierte, sondern Fritz Weber. Wahrscheinlich wird Ihnen aber sowieso niemand zuhören, da alle Kölner laut mitsingen. Inhaltlich ist das Lied eine Entschuldigung an Trude Herr, dafür, dass sie in dieser Stadt wohl niemals einen Mann findet – denn es gibt nur Jungs, die niemals erwachsen werden. Dennoch hat auch diese Spezies ihre besonderen Vorzüge, wie sich aus den Strophen mit viel Mühe extrahieren lässt. Das Lied kann jederzeit von jeder Bühne erschallen, aber auch im privaten Bereich, sofern sie sich in einer Partnerschaft mit einem ebensolchen Exemplar befinden. Hängt der Haussegen schief, wird der Refrain gesummt überreicht, meist mit einem Blumenstrauß, dessen Größe von der Schwere des begangenen Fehltritts Ihres Partners abhängt.

5. »Viva Colonia« – Höhner

Zu diesem Lied fliegt das Konfetti, die Beine der Funkenmariechen schnellen in die Höh', es gibt kein Halten mehr. Also, noch weniger als sonst. Und das Irre ist: Auch weit, weit weg von Köln können Sie in eine Ansammlung von Menschen rufen: »Da simmer dabei, dat is prima«, und wenigstens einer wird mit »Viva Colonia« antworten. Wirklich verwunderlich ist, dass dieser pawlowsche Reflex der Gesamtbevölkerung erst ab dem Jahr 2003 antrainiert wurde. Der Song ist also viel jünger, als er sich anhört. Dafür ist die Band schon älter oder sieht zumindest so aus. Die Höhner (achten Sie hier wieder auf die zufallsbedingte Vokalverschiebung in der kölschen Sprache; die Herren verhöhnen nicht etwa ihr Publikum, sondern haben sich nach Federvieh benannt; die Gockel sind »Hühner«) sind so etwas wie die grauen Eminenzen der Kölner Musikszene. Statt durch spezielles Beinkleid oder Kopfbedeckung sticht der Chef dieser Combo durch einen prächtigen Schnurrbart hervor, der nach letzten Schätzungen von der einen Rheinseite bis zur anderen reicht. Ansonsten kleiden sich die Bandmitglieder so, wie es Michael Jackson getan hätte, wenn er in Köln aufgewachsen wäre und folglich doppelt so viel Gewicht auf die Waage gebracht hätte: Phantasieuniform mit rockigem Einschlag, die aber in Größe L und aufwärts.

6. »Pirate« – Kasalla

Von den Urgesteinen zu den Jungspunden der Szene. Die Band Kasalla beweist eindrucksvoll, dass es keine alten Herren braucht, um Musik zu produzieren, die so klingt, als wäre sie schon immer da gewesen. Zumindest nicht in Köln. In »Pirate« widmen sich Kasalla (was so viel wie »Krawall« bedeutet) rhythmisch eingängig dem Thema räuberische Seefahrt, natürlich nicht ohne diese mit einer Armada von kölschen Klischees recht freibeuterisch zu verknüpfen. Immerhin sind Kasalla nicht Santiano, dafür mutiert der Rhein beim Hören dieses Liedes leicht zu einem der sieben Weltmeere. Selbstüberschätzung kann auch groovy sein!

7. »Müngersdorfer Stadion« – Zeltinger Band

Vorsicht, Punkrock: In diesem Lied wird das Erschleichen einer Dienstleistung glorifiziert! Und es hat von der ersten bis zur letzten Sekunde mehr Energie und Wumms als jedes Spiel des 1. FC Köln. Trotzdem ist es für mich die einzig wahre Hymne, außerdem lernen Sie, wie die schöne Sportspielstädte zu benennen ist, und zwar völlig egal, was offiziell dadran steht, Herrn Zeltinger selbst erkennen Sie unschwer, wenn er Ihnen auf den Bühnen oder in der Straße begegnet. Trotz seiner beeindruckenden Statur und seiner bärbeißigen Art wirkt er sofort wie ein guter Freund. Oder auch wie zwei gute Freunde.

8. »Guten Morgen, Barbarossaplatz« – Querbeat

Die haben nicht nur von Tuten und Blasen Ahnung! Die wilden 13 sind mein Tipp für die Zukunft, sogar überregionalen Erfolg sage ich dieser Kapelle voraus. Und das liegt nicht nur daran, dass sie ursprünglich gar nicht aus Köln stammen, sondern weil auch ihre Musik Brücken baut. Mit »Guten Morgen, Barbarossaplatz« haben sie so schon vielen Nicht-Kölnern zwar nicht das ganz große »Jeföhl« erklärt, aber dafür eine wichtige Teil-Emotion dieser Stadt nähergebracht. Kaum je wurde eine Bahnstation sowohl textlich als auch musikalisch passender gewürdigt. Und wenn Sie an besungener Stelle einmal stranden, werden auch Sie artig »Guten Morgen« singen. Egal um welche Tageszeit. Und höchstwahrscheinlich können sie den gesamten Text auswendig, bevor die sie die richtige Bahn erwischen.

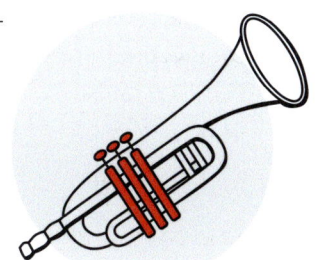

9. »Verdamp lang her« – BAP

Rock'n'Roll aus Kölle: Ja, sie können hier auch handgemachte Musik, bei deren Erklingen nicht sofort geschunkelt wird. Wahrscheinlicher ist, dass Männer mit Halbglatze Luftgitarre dazu spielen und die Damen für den folgenden Ausdruckstanz ihre Riemchensandalen in die Ecken schleudern. »Verdamp lang her« ist ein wehmütiger, kraftvoller Song, bei dem es EINMAL nicht um den Dom, um Karneval oder Fußball geht. Sobald ich das Gitarrenriff höre, schleudere ich meine Riemchensandalen... nein. Wenn Sie den Text »Verdamp lang her« (nebst Übersetzung) zunächst studieren, lernen Sie nicht nur ein paar wichtige Brocken Kölsch dazu, sondern auch, dass hier niemand nur aus Konfetti besteht. Außerdem muss man BAP allein für ihre Haltung lieben und versuchen, dabei Haltung zu bewahren. Äußerlich besteht BAP aus einem Planeten namens Wolfgang Niedecken, der wie ein leicht vernachlässigter Bruce Springsteen aussieht. Drumherum kreisen seit Jahrzehnten mehrere Dutzend Satelliten-Bandmitglieder, die entweder irgendwann aus ihrer Umlaufbahn fliegen oder leider zu früh verglühen. Jeder echte Kölner wird Ihnen auch jederzeit alle Namen der aktuellen und ehemaligen Bandmitglieder nennen können und betonen, dass er mit mindestens einem von ihnen die Schulbank gedrückt hat. Das stimmt wahrscheinlich sogar versehentlich, also nicken sie interessiert, aber im Takt.

10. »Heimweh nach Köln« – Willi Ostermann

Das kennen Sie! Auch wenn Sie fernab des Rheinlands das Licht der Welt erblickten! Nein? Doch! Aber vielleicht eher unter dem Titel: »Ich mööch zo Fooß noh Kölle jonn«. Willi Ostermann schrieb diesen Klassiker kurz vor seinem Tod im August 1936, er wurde bei seiner Beerdigung uraufgeführt beziehungsweise trug sein Freund Thomas Liessem lediglich den Refrain an seinem Grab vor. Ein pietätloser Marketingmensch würde jetzt wohl schreiben: »So geht Legendenbildung, Leute!« Aber ich sage nur: Diese doch todtraurige Entstehungsgeschichte hatten weder Ostermann noch das Lied nötig. Ostermanns musikalisches Vermächtnis ist einerseits viel größer, andererseits haben diese Zeilen noch jeden Kölner dazu veranlasst, sich zu Fuß auf den Heimweg zu machen, egal, wo er sich gerade befand. Leider konnte das Verkehrschaos innerhalb der Stadt durch das Abspielen oder Vortragen noch nicht entschärft werden, dennoch hat wohl jede echte kölsche Band dieses »Krätzche« schon gecovert oder wird es noch tun.

11. »En unserem Veedel« – Bläck Fööss

Um bei dieser Auswahl konsequent inkonsequent zu bleiben, lassen Sie uns zunächst einen Blick auf die Macher dieser Hymne werfen, die » Bläck Fööss«. Ja, es sind wieder Füße im Spiel, aber die sind nicht schwarz, sondern blank, also »barfuß«. Das war auch der aktuelle Schuhtrend in den frühen 1970er Jahren, als sich die Band formierte. Und wie so viele kölsche Musiker nach (und wenige vor) ihnen haben die Bläck Fööss versucht, sich hochzuackern, leider zunächst auf der völlig falschen Baustelle: Sie waren Mitglieder in englischsprachigen Beat-Gruppen, sangen also in fremden Zungen. Ja, sie lernten es auf die harte, aber wenigstens kurze Tour: Jung, wenn du aus Köln kommst, singst du op kölsch! Wir sind hier schließlich nicht in Berlin. Oder Hannover. Oder

»VERDAMP LANG HER« IST EIN WEHMÜTIGER, KRAFTVOLLER SONG, BEI DEM ES EINMAL NICHT UM DEN DOM, UM KARNEVAL ODER FUSSBALL GEHT.

irgendeiner anderen Stadt, die ihre Stars in die große weite Welt exportiert. Also nahmen die Bläck Fööss bald in Mundart auf, und ja, auch in Restdeutschland kannte man ihre vermeintlich großen Hits wie »Froonkreisch, Froonkreisch« oder »Katrin«.

Was uns zukünftigen Imis aber damals verborgen blieb, waren die echten Perlen wie »Kaffeebud« oder eben »En unserem Veedel«. Ein Song, der übrigens nur die B-Seite der Single »Mer losse d'r Dom en Kölle« war. Sicher ist jenes Kleinod auch ein wichtiges Stück musikalischer Kulturgeschichte und wäre bestimmt ebenfalls hier platziert worden, aber erstens würde doch niemand so etwas blödsinniges wie eine Top-12-Liste erstellen, und zweitens würde es von dem erhabenen Glanz des Siegertitels ablenken. »En unserem Veedel« ist ein behutsam zu genießendes Stück. Wer es allein hört, wird sein Geheimnis nie erfahren, wer es am falschen Ort (überall außerhalb Kölns) vernimmt, wird ein seltsames Kribbeln in den Fußsohlen spüren, einen kurzen Stich im Herzen, der Ihnen anzeigt, dass Willi Ostermann Sie doch noch an der richtigen Stelle getroffen hat. Die sehnsüchtige Mundharmonika übertönt jedes Trömmelche, alles steht dann nicht mehr parat, sondern zusammen. Wenn dieses Lied erklingt, lösen sich alte Feindschaften in Luft auf, die

JUNG, WENN DU AUS KÖLN KOMMST, SINGST DU OP KÖLSCH! WIR SIND HIER SCHLIESSLICH NICHT IN BERLIN. ODER HANNOVER. ODER IRGENDEINER ANDEREN STADT, DIE IHRE STARS IN DIE GROSSE WEITE WELT EXPORTIERT.

»superjeile Zick« ist nicht mehr »verdamp lang her«, sondern findet gerade statt. Sie können den Text auf magische Weise auch beim ersten Hören schon mitsingen, und falls nicht, genügt es, wenn Sie schluchzen. Und das geschieht automatisch, wenn all die anderen erwachsenen Menschen um sie herum dasselbe tun. Es ist ein Song zum Mut machen, Deeskalieren und natürlich auch zum Schunkeln. Daher, verdienter Platz 11. Der natürlich der Beste ist. Welcher denn sonst?

MEDIENSTADT KÖLN

Hollywood am Rhein

Es ist nicht unwahrscheinlich, dass Sie in diese Stadt gezogen sind (oder gezogen wurden), weil Sie »irgendwas mit Medien machen«. Oder machen wollten. Und selbst, wenn Sie das auf keinen Fall wollten, machen Sie das nun, eher nebenher, aber vollautomatisch. Denn in Köln wird immer irgendwo ein Film, eine Serie oder eine Dokumentation gedreht, irgendwann laufen auch Sie zwangsläufig durchs Bild. Oder Ihnen wird ein Mikro ins Gesicht gehalten, damit Sie sich zu aktuellen Themen äußern, wie etwa zur Stadtpolitik, zum Karnevals- motto oder zum Wetter. Falls Sie eher schüchtern sind, emp- fehle ich: Seien Sie ganz Sie selbst. Dann werden Sie aus dem Beitrag garantiert wieder herausgeschnitten. Denn sobald diese Überfallkommandos spitzkriegen, dass Sie gar nicht aus

Köln stammen, sind Sie uninteressant oder unqualifiziert. Es ist nichts Persönliches, aber als Imi sind Sie einfach nicht repräsentativ. Und diese Kamerateams merken das ganz schnell: Selbst wenn Sie im strömenden Regen stehen und gefragt werden, ob Wasser nass macht, gibt es für Sie keine Antwort, mit der Sie einen Blumentopf gewinnen können. Oder 15 Sekunden lokalen Ruhm.

Falls Sie hingegen die Chance wittern, endlich Ihre Stimme im Radio zu hören oder gar ihr Gesicht über den Bildschirm flimmern zu sehen, müssen Sie Kölsch lernen. Nicht viel davon, aber das muss jederzeit im Brustton der Überzeugung aus Ihnen herauszuholen sein. Oder, wie es in den Casting-Shows immer heißt: Sie müssen liefern. Das Gesamtpaket muss stimmen. Also laufen Sie den ganzen Tag durch die Innenstadt, auch bei Sturm und Schnee in kurzer Hose oder quietschbuntem Kostüm (siehe auch Kapitel »Der kölsche Style«), pfeifen ein kölsches Liedchen vor sich hin und locken so die Kamerateams an. Und wenn Sie dann leicht belustigt gefragt werden, ob Sie denn der Hagel im nackten Nacken nicht störe, antworten Sie schwer belustigt: »Et kütt wie et kütt,« oder »Et hätt noch immer jot jejange«. Dieses Karrieresprungbrett ist allerdings ein sehr dünnes. Zum einen könnten echte Kölner, die Sie kennen, die Ausstrahlung des Beitrags ebenfalls sehen und Sie der Hochstapelei bezichtigen. Zum anderen, und das ist viel wahrscheinlicher, kommen Sie

SEIEN SIE GANZ SIE SELBST. DANN WERDEN SIE AUS DEM BEITRAG GARANTIERT WIEDER HERAUSGESCHNITTEN.

mit der Nummer durch, werden entdeckt, für eine Reality-Show gecastet oder, falls Sie aus Versehen noch einen wirklich originellen Spruch gerissen haben, als aufstrebender Star am Comedyhimmel gehandelt. Aus der Mühle kommen Sie nur ganz schwer wieder raus. Da sind Ihre Tourneeplakate aber schneller gedruckt, als Sie aus den nassen Klamotten raus sind. Denn natürlich hat Köln nicht nur den Platz, sondern auch das Herz für alle, die auch in der karnevalistischen Nebensaison lustig sind. Oder sich dafür halten. Wenn Sie aber tatsächlich professionell Heiterkeit verbreiten möchten, rate ich dazu: Testen Sie zuvor anderswo aus, ob die Leute dort für Ihren Humor bereit sind und ihn sogar teilen. Möglichst auch außerhalb von Familienfeiern. Denn Köln ist und bleibt ein hartes Pflaster, gerade für komische Menschen. Zwar werden durchaus Talente entdeckt und aufgebaut, aber auch gern wieder fallen gelassen. Sie können nur einigermaßen weich fallen, wenn Sie sich zuvor ein Sprungtuch gewebt haben, das über die Stadtgrenzen hinausgeht. Am besten: Lernen Sie etwas Vernünftiges, bevor Sie sich mit vollem Ernst ins Comedy-Geschäft stürzen. Erstens haben Sie dann etwas zu erzählen auf der Bühne, zweitens sitzen im Publikum immer Menschen, die bestimmt dringend medizinischen oder juristischen Rat und/oder handwerkliche Fachkräfte benötigen. Und keine Sorge: Die werden SIE ansprechen, und ja, es ist eine Form des gefürchteten Klüngels, aber letztendlich werden so Kombi-Arbeitsplätze geschaffen: Wenn Sie zur richtigen Zeit am richtigen Ort sind, moderieren Sie vielleicht schon wenige Monate später eine lustige Heimwerkersendung, und ihre Förderer und Gönnerinnen schlafen endlich wieder unter einem dichten Dach.

Und obwohl die Unterhaltungsindustrie in Köln nicht nur Heerscharen von Komikern, Autoren, Redakteuren und Produzenten beschäftigt, gibt es natürlich noch seriöse Nischen und Berufsbilder im Medienbereich. Früher, als ein Studium der Geisteswissenschaften in anderen Städten mit dem Taxischein als abgeschlossen galt, bekam man in Köln schon im Immatrikulationsbüro eine Kabelrolle in die Hand gedrückt und war damit für die nächsten zwölf Semester gut bezahlte studentische Hilfskraft des Senders, dessen Kamera man hinterhergerannt ist. Zwar gab es kein offizielles Diplom »Straßenabsperrfachwirt/in«, aber es ließ sich durchaus davon leben, an jedem zweiten Wochenende in Warnweste an einer Straßenecke zu stehen und Autofahrer zu verscheuchen. Heute ist das Studium ja leider wieder so verschult, dass tatsächlich von den jungen Menschen erwartet wird, dass Sie in den Seminaren anwesend sind. Und in den Fächern promovieren, die in ihrer Studienordnung stehen, und das auch noch so fix möglich. Um noch schneller als arbeitslose Slawistin oder ratloser Historiker da zu stehen. Das ist nicht nur bedauerlich, sondern geht auch gegen das kölsche Gemüt. Eine weitreichende Planung oder gar komplette Durchführung eines angefangenen Projektes würde ja bedeuten, dass man sämtliche Gelegenheiten am Wegesrand ignoriert, und so großartige, ja, einmalige Chancen verpasst. Deshalb fangen die Kölner und Kölnerinnen diese verwirrten

WICHTIG IST NUR, DASS SIE IMMER EINE KAMERA DABEI HABEN UND DEN MUT NICHT VERLIEREN.

Schäfchen wieder ein und schaffen auch für die verträumtesten Seelen Jobs in – der Medienbranche.

Es werden neue Räume geschaffen und das nicht nur in Form von Studios, Produktionsbüros und Verlagshäusern. Auch in den Köpfen der Leute muss ein zu starr gefasstes Berufsbild aufgeweicht werden: Sie haben Theologie studiert, finden jetzt aber keine Gemeinde oder haben unterwegs den Glauben verloren? Kein Problem: Schreiben Sie ein Bühnenprogramm darüber, spielen Sie einen Pfarrer in einer Daily-Soap oder gestalten Sie einen Bildband, mit Fotos von den schlimmsten Autobahnkapellen des Rheinlandes! Oder Sie steigen ins, haha, Crossmarketing ein, bieten Seelsorge für gestresste Filmtiere an oder beerdigen symbolisch Fernsehformate. Wichtig ist nur, dass Sie immer eine Kamera dabei haben und den Mut nicht verlieren. Es geht immer weiter, aber keiner weiß wie. Einzige Ausnahme stellt »Die Lindenstraße« dar. Das alte Schlachtross der Vorabendunterhaltung wird eingeschläfert, nach einer gefühlten Ewigkeit. Das ist natürlich traurig, für die (zu) wenigen verbliebenen Zuschauer, aber richtig dramatisch ist das Ende dieser Ära ja für das Ensemble. Und die ganzen Menschen im Hintergrund. Aber, Sie werden es erraten haben, auch da lassen die Kölner niemanden im Regen stehen. Und wenn Sie sich beim Studieren des Fernsehprogramms fragen, ob es denn wirklich nottut, dass sowohl in den öffentlich-rechtlichen als auch den privaten Sendern die schönsten Rasenmäherunfälle gezeigt und von prominenten Stars kommentiert werden, weshalb eine vage bekannt wirkende Jury nun »Die dicksten Hunde NRWs« sucht und sogar findet, und warum auf fast jedem Kanal um die Wette getanzt, gestrickt, gebacken oder getalkt wird, dann öffnen Sie doch einmal ihr Herz, aber richtig. Denn all diese Menschen, die sich auf Ihrem Bildschirm tummeln, sind schließlich Medienprofis. Also alte Zirkuspferde, von denen die Stadt Köln nicht wenige mit der Flasche großgezogen hat. Bei denen funktioniert das Rentenmodell so, dass sie ihr Gnadenbrot nur dann erhalten, wenn sie ihre Nasen zwecks Gesichtsidentifikation einmal pro Woche in die Kamera halten. Was wäre denn die Alternative, Ihrer geschätzten Meinung nach? Sollen die jetzt im Karnevalszug mitlaufen, wo wir gerade erst festgestellt haben, dass der ganze Krach und der Stress dabei doch als Tierquälerei eingestuft werden könnte? Also ein bisschen mehr Respekt vor diesen Leuten. Oder gestehen Sie sich wenigstens ein: »Verflixt? Warum bin ich nicht darauf gekommen, einen Spaß-Triathlon zwischen Zootieren und Promis zu organisieren? Allein das Wettschwimmen zwischen Fischottern und Fernsehlieblingen durch den Fühlinger See ist doch fantastisch! Wenn das jetzt noch von ehemaligen Dschungel-Campern moderiert wird, dann trägt sich das doch über mindestens zwei Staffeln!«

DÜSSELDORF

Wo Kölsch alt aussieht

Woran merkt man, dass es einer Stadt zu gut geht? Genau: an der ebenso lustvoll wie penibel gepflegten Feindschaft zur nächstgelegenen Stadt. Der Zwist zwischen Kölnern und Düsseldorfern basiert demnach auf ähnlich tiefen Differenzen wie jene konstruierten Kleinkriege zwischen zwei Parallelklassen in der Grundschule (»Die sind alle doof, weil die Sport am Montag haben statt am Mittwoch!«). Leider besteht im vorliegenden Fall keine Chance auf Schlichtung, da die Streithähne einfach nicht erwachsen werden können – oder wollen. Falls Sie unter Einschlafproblemen leiden, können Sie sich natürlich die wahren, tiefliegenden Gründe für diesen gar nicht mal so amüsanten Humbug von den Experten, also von einem der Beteiligten erklären lassen, aber ich rate

Ihnen: Stellen Sie schon Ihren Wecker, bevor Sie nachfragen. Denn nichts ist ermüdender als die schier endlosen Ausführungen eines rheinländischen Stadttrottels, der erzählt, weshalb ausgerechnet die Menschen, die an einer ebenso mittelprächtigen Möchtegern-Metropole am selben Fluss geboren wurden und es über die Jahrhunderte auch nicht geschafft haben, Bier in vernünftigen Portionen und mit akzeptablem Geschmack herzustellen, so bekloppt sein sollen. Besonders eifrige Lokalpatrioten haben natürlich noch weitere Beweise dafür gesammelt, dass den jeweils anderen nicht zu trauen ist: Welcher erwachsene Mensch ruft schon »Helau« statt »Alaaf« oder umgekehrt, wenn er schlecht verkleidet und gut angetrunken vor einem geschmückten Lastwagen steht, weil ihm jetzt ganz dringend nach nassem Zuckerzeug ist? Falls Sie an dieser Stelle noch nicht selig in Morpheus' Arme gefallen sind, wird Ihnen der Kölner vielleicht noch erzählen, dass die Nachbarn deshalb so verachtungswürdig seien, weil sie sich seit jeher für etwas Besseres hielten. Dass die schon sehr etepetete seien und einen Stock im Allerwertesten hätten, weil … ja, weil die Düsseldorfer eben ihre Kö haben, genau! Die Königsallee, diese Prachtstraße, auf der alle Düsseldorfer den ganzen Tag flanieren, wie man weiß! Aber sicher doch: Obwohl alle Düsseldorfer ja den ganzen Tag in schnieken Anzügen in Banken und Werbeagenturen arbeiten (kölsche

DER KÖLNER WIRD VIELLEICHT NOCH ERZÄHLEN, DASS DIE NACHBARN DESHALB SO VERACHTUNGSWÜRDIG SEIEN, WEIL SIE SICH SEIT JEHER FÜR ETWAS BESSERES HIELTEN.

Gemütlichkeit ist ihnen völlig fremd), finden sie ALLE in der kurzen Mittagspause die Zeit, um zur Kö zu pilgern, sich in den glitzernden Boutiquen mit Luxusgütern einzudecken und zwischendurch den herrlichen Mief einzuatmen, der sich aus den Abgasen und dem modrigen Dunst des Stadtgrabens zu einem wahrhaft betäubenden Bouquet mischt. Leute, ernsthaft? Diese Idee ist genauso dämlich wie der Gedanke, dass sämtliche Kölner sich täglich am linken Rheinufer versammeln, um zu schauen, ob das Wahrzeichen noch steht, und sich dann erleichtert zuprosten. Obwohl …

Jedenfalls lautet mein Rat an alle Imis, was diese seltsame Stammesfehde angeht: Sobald ein Kölner – oder Düsseldorfer – ihnen dieses Thema wieder ungefragt aufhalst, Ihnen aber gerade gar nicht nach einem Nickerchen ist, bedienen Sie sich eines Filmzitates. Genauer gesagt wiederholen Sie einen der wenigen ganzen Sätze, die Sylvester Stallone in »Rambo II« gesprochen hat, und setzen Sie, wenn möglich, auch den aggressiv-erschöpften Dackelblick von schräg unten auf, wenn Sie verlauten lassen: »Das ist nicht mein Krieg.«

Normalerweise sollte es dann zu einem Themenwechsel, oder – noch besser – zum abrupten Ende der ungewollten Unterhaltung kommen. Falls dies nicht geschieht, folgen Sie einfach weiter dem großen Charakterdarsteller aus Hollywood, und entsichern Sie langsam und gut sichtbar … nein, keine Handgranate. Sondern ein Pils. Das sollte helfen, in jedem Fall. (Siehe auch Kapitel »Kölsch – das Getränk«.)

KLEINER KÖLN KNIGGE

Wie Sie Fettnäpfchen vermeiden

Nachdem wir schon in den Kapiteln »Kölsch (Die Sprache)« und »Kölsche Lieder« einige Missverständnisse präventiv aufklären konnten, widmen wir uns auf unserer Reise durch die Stadt noch den Kölner Eigenarten, die schon manchen Imi in Verlegenheit gebracht haben. Denn manches Mal setzen die Einheimischen bei uns Imis einen Kenntnisstand in den Bereichen Sitten, Politik, Geographie und Sprache voraus, den kaum ein Imi jemals erreichen kann. Das liegt – schon wieder – daran, dass die Kölner auch hier gern alles vermischen, und ihnen oft selbst völlig unklar ist, ob sie gerade ein »Stöckelche«, also eine Anekdote, zum Besten geben, sich auf kürzlich Erlebtes beziehen oder auf etwas völlig anderes hinauswollen. Daher erhalten Sie an dieser Stelle ein paar Stichworte, die Sie in bestimmten Situationen aufhorchen lassen sollten, und die, je nach Sachlage, helfen können, angemessen zu reagieren. Generell gilt: Je harmloser sich ein Begriff anhört, desto alarmierender ist wahrscheinlich dessen Bedeutung. Aber natürlich gilt das auch umgekehrt. Außerdem werden wir einige Heiligtümer beleuchten, die Sie bitte nicht gegenüber Kölnern entweihen. Ihren Respekt gegenüber der Lokalreligion drücken Sie stets förmlich durch begeistertes Nicken und innig durch Zuprosten aus.

1. Stippeföttche

Klingt nach Fingerfood, das man nur allzu gern ablehnt. Bei diesem zusammengesetzten Hauptwort handelt es sich jedoch um einen Tanz. Genauer gesagt den dritten der drei möglichen halbwegs rhythmischen Bewegungsformen, zu denen der Kölner fähig ist, und die automatisch mit der entsprechenden Musik zur richtigen Zeit einsetzen. Während das Schunkeln und die Polonaise auch außerhalb des Karnevals fast überall vorkommen können, ist Stippeföttche ein reiner Jeckenreigen, der meist in Gala-Uniform abgehalten wird. Das Föttche, also der Hintern, wird der nächststehenden Person forsch entgegengereckt, der so aufgeforderte Tanzpartner folgt dem Beispiel. Dann wird »gestippt«, was alles zwischen schlackern, klopfen und reiben bedeuten kann. Bei

GENERELL GILT: JE HARMLOSER SICH EIN BEGRIFF ANHÖRT, DESTO ALARMIERENDER IST WAHRSCHEINLICH DESSEN BEDEUTUNG. ABER NATÜRLICH GILT DAS AUCH UMGEKEHRT.

menschlichen Wesen sind abgeschwächte Variationen dieses Rituals am ehesten beim »Lady-Bump« erkennbar, aber am meisten gleicht das Schauspiel doch den Gebaren brünftiger Stockenten, die ihre Bürzel aneinander scheuern. Dennoch gilt es als unhöflich, ein derart dargebotenes Föttche nicht mit dem eigenen zu beschubbern. Kleiner Trost: Sollte dies geschehen, sind sie im Normalfall zu betrunken, um sich später noch daran erinnern zu können. Stippeföttche bleibt im Regelfall folgenlos auf amouröser Ebene, eventuell spüren Sie am nächsten Tag einen leichten Muskelkater an bisher untrainierten Stellen.

2. Fisternöllche

Nein, das ist weder eine Fugenmasse fürs Bad, noch etwas, was man sich beim Stippeföttche einfangen kann. Zumindest nicht direkt. Ein Fisternöllche ist ein intimes Verhältnis, das zwei Menschen miteinander führen, aber jenes eben aus Gründen nicht öffentlich machen. Müssen Sie ja auch nicht, denn offenbar weiß jeder Kölner sowieso darüber Bescheid, was et Gitti mit dem Jupp hat, oder auch et Erika. Wenn Ihnen jemand über ein Fisternöllche von nicht anwesenden Personen erzählt, handelt es sich in der Regel um Tratsch. Eventuell erzählt die Person aber auch den Inhalt von »Romeo und Julia« nach, interpretiert einen aktuellen Popsong oder erklärt Ihnen die historische Erbabfolge eines lokalen Restaurantbetriebes. Sie sollten lediglich aufhorchen, wenn Ihr eigener Name während des Monologs fällt. Was Sie im Anschluss mit diesen Informationen anstellen, bleibt Ihnen überlassen. Und unter Umständen der Person, mit der Sie das Fisternöllche (angeblich) unterhalten.

3. Weckschnapp

Hierbei handelt es sich weder um die Turbulenzen im Schlussverkauf, noch um eine tragische Dreiecksbeziehung innerhalb eines Fisternöllchens. Die Weckschnapp ist ein mittelalterliches Türmchen am schönen Konrad-Adenauer-Ufer, und ein Paradebeispiel dafür, dass die Kölner nichts lieber tun, als die Dinge so durcheinanderzubringen, dass die eigentliche Geschichte bald nebensächlich wird. Denn laut Legende wurden in der Weckschnapp Gefangene besonders gequält, in dem man den Halbverhungerten noch einen Laib Brot (Weck) vor der Nase baumeln ließ, um sie danach schnappen zu lassen. Sie erreichten den Laib nie, sondern fielen durch eine Falltür auf Messerklingen. Unfassbar grausam, und wahrscheinlich wurde diese Foltermethode tatsächlich angewandt, nur eben nicht dort. Beziehungsweise der als Weckschnapp bezeichnete Turm kann nicht der historische Ort sein, es sei denn, man hat in dunkler Vorzeit noch die Muße gehabt, den Rhein erst komplett umzuleiten und danach wieder in den ursprünglichen Lauf zu bringen. Sie ahnen es bereits: Gelehrte und Laien diskutieren bis heute, welcher Turm nun die eigentliche Weckschnapp (gewesen) sein könnte und nicht, welches Verbrechen eine dermaßen furchtbare Bestrafung rechtfertigen könne. Nun ist diese Ausweichstrategie keine kölsche Erfindung, findet sich aber leider noch heute auch im weltpolitischen Rahmen wieder.

4. Tünnes und Schäl

Die zwei wohl beliebtesten Figuren aus dem berühmten »Hänneschen Theater«. Und ja, natürlich sind es Puppen. Aber eben noch viel mehr. Diese Gestalten zeigen die Zerrissenheit der kölschen Seele, ihre Schwächen und Ambivalenz, aber eben auch: Das Talent, alles in ein Kombipaket zu schnüren. So ist Tünnes kurz gesagt »Dick und Doof«, beziehungsweise herrlich naiv und von eher grobschlächtig-putzigem Aussehen, Schäl ist … schäl: Schlank und stets befrackt, dabei listig bis intrigant, aber zum kompletten Bösewicht reicht es eben nie aus, denn Tünnes ist eben nicht ganz so dumm wie er aussieht. Und falls doch, scheitert Schäl an dessen Dickfelligkeit. Die Vorstellungen des Hänneschen Theaters sind beliebt und oft ausverkauft, aber Sie können stets darauf bauen, dass Ihnen ein Kölner einen Witz über die beiden Typen erzählt, der Sie weder in Struktur noch Pointe überzeugen wird, aber: Lachen Sie bitte erst am Ende, schütteln Sie nachsichtig den Kopf und murmeln Sie: »Hach, der Tünnes nu wieder.« Seien Sie aber nicht zu enthusiastisch, sonst folgen viele, viele weitere Gleichnisse über die beiden.

5. Klüngel

Handelt es sich hierbei um Korruption, Netzwerke oder Kooperation? Die Antwort lautet ja, nein, beides oder je nachdem, teilweise findet auch alles drei gleichzeitig oder abwechselnd statt. Das Wort Klüngel stammt eben von »Knäuel« ab, und je kleiner und fester es geschnürt ist, desto verworrener ist es. Die Lösung, aber auch das Problem ist wie so oft: Die

Kölner helfen gern. Und sind großzügig. Sie sehen Gelegenheiten. Nur übersehen sie dabei, wie sehr sie selbst in diesem Knäuel verstrickt sind. Klüngel ist verantwortlich dafür, dass in dieser Stadt viel gut gemeint ist, aber entweder schlecht oder gar nicht gemacht wird. Halten Sie sich, egal ob auf privater und beruflicher Ebene, an die Menschen, die in einer vertrackten Situation nicht nur »Klüngel« schreien, sondern konkrete Ideen haben, wie sich die Sache entwirren lässt. Und wenn Sie selbst auf die rettende Idee kommen: Dies ist der Zeitpunkt, diese zu präsentieren. Wenn sie Anklang findet, oder sogar ausgeführt wird, sind Sie immer noch kein Kölner. Aber dafür schon so gut wie verstrickt.

6. Bergheimer

Da es fast unmöglich für Düsseldorfer ist, per Automobil die Kölner Stadtgrenzen zu überwinden, mussten hier andere KFZ-Halter gefunden werden, die für das zusätzliche Chaos auf den Straßen verantwortlich gemacht werden können. Wie jede größere Stadt hält sich auch Köln ihre amtlich gekürten Dorfdeppen, die ihren Führerschein natürlich in der Lotterie gewonnen haben, und natürlich immer dann direkt vor einem hergurken, wenn die Eile am größten ist. Beachten Sie also den ansteigenden Adrenalinpegel sämtlicher Verkehrsteilnehmer, sobald irgendwo schüchtern ein Fahrzeug mit dem Kennzeichen »BM« um die Ecke biegt, ignorieren Sie den historischen Kurzabriss über den Intelligenzquotienten auf Nutzpflanzenniveau, den die Bergheimer von jeher von Generation zu Generation vererben, und konzentrieren Sie sich lieber darauf, nicht selbst einen Unfall zu verursachen. Alternativ können Sie auch erzählen, wie die »Bergheimer«

Ihrer Heimatregion heißen. Oder dass Sie selbst aus Berg-
heim stammen. Das erfordert Mut, führt aber wahrscheinlich
dazu, dass Ihre Kölner Mitfahrer für mindestens zehn Sekunden die Klappe halten.

7. CCAA

Nein, kein Akronym für einen stadtinternen Automobil-
Club, sondern selbstverständlich für: »Colonia Claudia Ara
Agrippinensium«. Ist natürlich Latein und bedeutet »Claudi-
sche Kolonie und Opferstätte der Agrippinenser«, und ins
Kölsche übersetzt: »Weil Köln so schön ist, kamen die Römer
schon um 50 nach Christus her und haben angefangen eine
Stadt daraus zu bauen.« Falls die Frage also mal bei einem
Fernsehquiz vorkommt, das ebenfalls in dieser ehemaligen
Kolonie aufgezeichnet wird, haben Sie einen Joker gespart.

8. Das Stadtwappen

Ist ein weiterer Beweis dafür, dass die Stadt von jeher Werbe-
profis hervorgebracht hat. Und so gern hier mit Pomp und
Prunk aufgeplustert wird: Beim Wappen wurde bewusst re-
duziert! Selten sieht man das vollständige Gedöns mit
schwertschwingenden Adlern drum herum, sehr oft dafür
das einfache Schild, mit den drei goldenen Kronen im oberen
Bereich, die natürlich für die Heiligen Drei Könige stehen,
deren Gebeine im Dom (wo sonst?) liegen, und weiter unten
elf … ja, was haben wir da eigentlich? Sind es Tropfen, Herzen, Anführungszeichen? Nein, es sind Tränen. Die einmal
Hermelinschwänze waren. Klingt komisch, ist aber wieder
typisch Köln. Denn das weiße Wiesel ist das National-Nage-
tier der Bretagne. Und der Legende nach kehrte die fromme

bretonische Königstochter Ursula mit ihren zehn Begleiterinnen von einer Pilgerreise aus Rom zurück, um sich, sehr grob zusammengefasst, auf halber Strecke in Köln von den Hunnen abschlachten zu lassen. Bemerkenswert an dieser Geschichte sind zwei Dinge: 1. Ursula wäre wohl verschont geblieben, wenn sie den Heiratsantrag des Hunnenkönigs angenommen hätte, aber wäre wohl im Anschluss nicht heiliggesprochen worden 2. Da die ganze Story schon etwas unglaubwürdig klingt, wurden aus ihr und ihren Begleiterinnen nicht elf, sondern 11.000 Jungfrauen. Ich persönlich glaube, dass dieser Teenager-Tross schon lange aufgehalten worden wäre, bevor er in Nordfrankreich losgestiefelt wäre, und obwohl diese beeindruckende Zahl nicht von jedem hundertprozentig bezweifelt wird, war man sich doch einig: Auf ein Wappen passen die nicht alle drauf. Das wird sogar für Kölner Verhältnisse unübersichtlich.

9. Der Colonius

Selbst in Köln gibt es deutlich sichtbare Wahrzeichen, mit denen man gar nicht so übertrieben angeben muss. Der Grund dafür: Andere Städte haben schon ein ähnliches Modell, das entweder berühmter ist, und/oder tatsächlich eine Zusatz-Funktion erfüllt. Der Colonius ist ein Beispiel dafür. Er steht im Grüngürtel an der Inneren Kanalstraße und ist außerdem der Fernmeldeturm Kölns. Das Spektakulärste, was sich über ihn sagen lässt, ist, dass er in den 1990er Jahren erhöht wurde, indem man per Hubschrauber eine neue Spitze anbrachte. Das Ärgerlichste an dem Bauwerk ist aber, dass er der Öffentlichkeit nicht mehr zugänglich ist, und man somit auch kein schönes Panorama-Restaurant darin errichten konnte. Auf touristischer Ebene also das übliche Fiasko, als Treffpunkt für kostengünstigere Freizeitaktivitäten wie Fußballspielen, Picknicken oder Seele baumeln lassen jedoch durchaus geeignet.

10. Echt Kölnisch Wasser / 47 11

Ein hübsches Mitbringsel für Leute, die man eh schon nicht riechen kann. Dieses Duftwasser wird hier schon (mindestens) seit 1799 hergestellt und vertrieben, hohe Herrschaften und später auch der Mittelstand nutzen es gern und großzügig. Die Rezeptur wurde seither nicht verändert, und auch in meiner Jugend wurde es gern von älteren Damen genutzt, wahrscheinlich, um Taschendiebe abzuwehren. Wie fast alles in Köln wurde es natürlich nicht dort produziert, wo heute das entsprechende Museum immer noch die Fans anlockt (in diesem Fall in der Glockengasse), aber doch wahrscheinlich ganz in der Nähe. Zugegeben: Das Design des Flacons ist wirklich schön. Also klassisch. Zumindest das einzig typisch kölsche Souvenir, das nicht domförmig oder rot/weiß ist. Ich empfehle dennoch, auch kleinste Fläschchen nur bei drohender Gefahr zu öffnen.

11. Wat fott es ...

Und wieder bleibt nur der Dom für ewig. Vieles, was die Kölner als selbstverständlich erachtet haben, gibt es nicht mehr. Einiges musste weichen oder schließen, weil es sich nicht mehr rechnete, anderes brach zusammen, aufgrund von Unverantwortlichkeit und falscher Berechnungen. Manchmal ist es ein schleichender Untergang, manchmal ein fürchterlicher, manches hätte man voraussehen können, anderes voraussehen müssen. Als Imi sollten Sie sich hüten, in einem Gespräch über das Millowitsch-Theater oder das Stadtarchiv einen Kölner mit der Erwähnung des Paragraphen 4 des »Kölschen Grundgesetzes« trösten zu wollen. »Wat fott es, es fott« ist ein Einbahnspruch, der nur von Kölnern an uns Imis zu richten ist. Und dann auch nur, wenn Sie den Bus, eine Mahlzeit, oder die vermeintliche Liebe Ihres Lebens verpasst haben. Stattdessen: Gehen Sie offenen Auges durch die Stadt, nehmen Sie nichts als selbstverständlich hin, und bleiben Sie stets informiert über das, was mit Ihrem neuen Lieblingsplatz, sei es eine Wiese, ein Bauwerk oder eine Kneipe, geschehen soll. Denn irgendwas ist immer. Und die Kölner berichten gern, wie Sie mittlerweile wissen.

KÖLNER ALS FREUNDE

Wie erobere ich das kölsche Hätz?

Wir sind fast am Ende des Buches angelangt. Aber hoffentlich nicht am Ende Ihrer Zeit in Köln. Denn ich muss zugeben: Einiges, was hier geschildert wurde, war abschreckend. Und vielleicht stellt sich Ihnen die Frage: Sind die denn wirklich alle so, hier? Oder nur, wenn sie alle zusammen sind, also quasi immer? Nun. Genau so wenig, wie es »den Russen«, »den Ami« oder »den Hintertupfinger« gibt, gibt es den »Kölner« oder die »Kölnerin«. Aber doch eint sie etwas, und das ist ihre Liebe zu ihrer Stadt. Manchmal schlägt diese, genau wie bei uns Imis, in blanken Hass um, aber nie in Gleichgültigkeit. Oder auch nur in Vergessenkönnen. Ganz, ganz wenige Kölner Söhne und Töchter verleugnen, woher sie stammen. Und die meisten könnten es nicht, selbst, wenn sie es wollten. Außerdem halten sie sich alle an das kölsche Grundgesetz, von denen einige Artikel im Text schon eingestreut wurden und der Rest davon sich wiederholt oder auch widerspricht. Die Auslegung ist Ermessenssache.

Kölner sind manchmal ein wenig wie die Kalifornier Deutschlands. Zum Glück haben sie hier im Westen keine eigene Küste, sonst würden sie völlig abdrehen. Köln am Meer, dann gäbe es kein Halten mehr, und wir alle wären längst abgesoffen, dank geschickter Städteplanung und allzu übermütigem Feiern. Aber immerhin leben wir hier in einer Bucht, das Wetter ist oft milder, die Gemüter sonniger. Wer die Menschen eher skeptisch betrachtet, könnte auch behaupten, dass die Kölner, ähnlich wie Kellner in sonnigeren Gefilden der USA, oberflächlich seien und ein eingemeißeltes Grinsen im Gesicht tragen würden. Aber wäre es besser, wenn sie zu jedem unfreundlich wären und jeden mit einem Flunsch willkommen hießen? In Köln kann man schnell Freundschaften schließen, und ob diese tatsächlich halten, hängt von beiden Seiten ab. Wie überall.

Und ja, Kölner reden gern. Sie erklären auch gern alles, und zwar dauernd. Im Vorwort habe ich sie mal mit putzigen Pinguinen verglichen und uns, die Imis, mit Fischen, die an Land gezogen wurden. Und ja, die Kölner sind immer noch

GENAU SO WENIG, WIE ES »DEN RUSSEN«, »DEN AMI« ODER »DEN HINTERTUPFINGER« GIBT, GIBT ES DEN »KÖLNER« ODER DIE »KÖLNERIN«. ABER DOCH EINT SIE ETWAS, UND DAS IST IHRE LIEBE ZU IHRER STADT.

komische Vögel, flugunfähig und von ihrer Scholle überzeugt, auch wenn diese an allen Kanten bricht. Aber Sie sind
kein Fisch mehr, wenn Sie dieses Buch gelesen haben, sondern … eine Stockente, fern ab vom heimischen Teich. Sie
könnten also wieder wegfliegen, notfalls auch nach Hause
schwimmen, aber: Dieser verrückte Pinguin auf seiner Scholle rührt sie an. Und Sie lassen sein Hätz höher schlagen. Also,
um herauszufinden, ob etwas aus Ihnen beiden werden
könnte, lassen Sie ihn ruhig erzählen. Von dem, dass er kennt,
nämlich seiner Scholle. Seien sie sicher: Niemand kennt diese
Scholle so wie er. In all ihren Feinheiten. Er weiß die Wahrheit und die Legende von jeder Ecke und Kante, wo die Risse
herrühren und vielleicht auch, wie man sie kitten könnte.

Also lassen auch Sie sich von einem Kölner die Feinheiten
und Geheimnisse, die Legenden und Wahrheiten erzählen.
Was es mit Flönz und Stippefötche auf sich hat und wo es sie
zu sehen gibt. Orte, an denen es Roboterkämpfe oder ein fast
echtes »Indianerdorf« gibt, kann Ihnen kein Imi beschreiben,
sondern nur ein Kölner zeigen. Wenn er Sie mit in sein Veedel
nimmt, werden seine Freunde auch zu Ihren Freunden. Und
erst wenn er (oder sie, natürlich) Ihnen wirklich alles gezeigt
hat, was seine Welt ausmacht, werden Sie endlich auch mal
schnattern dürfen. Über Ihren Teich und wie Sie den Rest der
Welt sehen. Und der echte Kölner wird Ihnen interessiert zuhören, sogar nachfragen, und Ihre Eindrücke und Ansichten
verstehen, sogar ungesehen teilen. Er wird auch mit Ihnen
reisen und überall allen anderen Menschen von seiner schönen Stadt am Rhein berichten und jeden dorthin einladen,
und zwar ohne das mit Ihnen abzusprechen. Da müssen Sie
durch. Sie dürfen auch die Zustände und die Politik in Köln

kritisieren, sogar bei einem Fußballspiel über einzelne Aktionen fluchen, aber: Zweifeln Sie nie daran, dass dies der großartigste Ort auf der ganzen Welt ist, mit dem besten Fußballverein, so insgesamt und überhaupt. Und wenn Sie es schaffen, eine vernünftige, also jecke Lösung zu finden, wie Sie Ihren ersten Karneval zusammen oder/und getrennt verbringen, hält es sowieso für die Ewigkeit. Und wenn es doch in die Brüche geht, denken Sie daran: Sie sind eine Stockente, aber Ihr Gefährte ein Pinguin, in den Farben rot und weiß. Der kann nicht hier weg, Sie aber … vielleicht. Die Fähigkeiten hätten Sie, aber den Willen? Gar den Wunsch?

Bei akuten Krisen empfehle ich, wenig überraschend: Fahren Sie nach Hause oder an den Ort, der für Sie Heimat ausmacht. Trinken Sie ihr Lieblingsgetränk, treffen Sie alte Freunde bei guter Musik und führen Sie tiefschürfende Gespräche, die nicht mit Ratschlägen wie »Et kütt, wie et kütt« oder »Et hätt noch immer jot jejange!« enden. Bleiben Sie drei Tage dort, wo man Sie versteht, und dann, dann fahren Sie nach Köln zurück. Den Dom im Blick. Wenn Sie lachen müssen, haben Sie Köln so liebgewonnen, dass Sie noch eine Weile bleiben müssen. Wenn Sie aber weinen müssen, sind Sie endlich: für immer Imi.

11 ÜBERLEBENS-TIPPS

Kurzgefasst

1. »Liebe Deine Stadt«: Beginnen Sie dabei mit Ihrer Wohnung. Eine andere bekommen Sie nicht!

2. Wenn Sie auf Kölsch angesprochen werden, es aber nicht verstehen: Antworten Sie mit einem Kölsch!

3. Wenn Sie nicht wissen, was Sie wollen: Begeben Sie sich zum nächstgelegenen Büdchen (maximal 100 Schritte entfernt). Dort wird man Sie über Ihre Bedürfnisse informieren und erstversorgen.

4. Falls Ihnen ein Kölsch angeboten wird, Sie es aber nicht trinken wollen: Stimmen Sie ein kölsches Lied an, und ver-

schunkeln Sie die Flüssigkeit unauffällig. Alternativ erwähnen Sie das letzte Spiel des 1. FC Köln, und während Ihr Gegenüber die Niederlage rechtfertigt, ist das Kölsch verdunstet.

5. Wenn Sie Karneval richtig erleben wollen: Sie schaffen beim ersten Anlauf niemals alle tollen Tage, schon gar nicht am Stück. Wählen Sie einen Termin aus, und lassen Sie sich dann spontan zu einem anderen hinreißen.

6. Sie wissen nicht mehr, was Sie an Karneval erlebt haben, haben aber einen neuen Partner an der Seite, der Ihnen soweit ganz gut gefällt: Versuchen Sie, Informationen wie Name und Familienstand aus der Person herauszulocken. Kann sie sich an beides nicht erinnern, halten Sie der Person ein Kölsch unter die Nase. Wenn sie nicht ohnmächtig wird, sondern trinkt, wissen Sie schon mal, dass es sich um eine(n) Eingeborene(n) handelt. Danach lesen Sie der Person den Linienplan der KVB vor. Wenn sie bei der Erwähnung einer Haltestelle sehnsuchtsvoll aufjault, öffnen Sie einfach die Wohnungstür und lassen Sie sie ziehen. Folgen Sie gegebenenfalls, und schauen Sie, ob die Person einen Zwischenstopp einlegt, um Blumen zu kaufen. Falls ja, löschen Sie diese Person aus Ihrem Gedächtnis. Es dürfte schnell gehen. Falls nicht: siehe Tipp 8.

7. Sie wissen nicht mehr, was Sie an Karneval erlebt haben, haben aber einen neuen Partner an der Seite, der Ihnen soweit ganz und gar nicht gefällt: Machen Sie es kurz und zumindest für Sie schmerzlos. Ziehen Sie sich also einen Kopfkissenbezug über, der vom Logo der Fortuna Düsseldorf geziert wird, und stupsen Sie die fremde Person an. Sie werden überrascht sein, wie flink jemand rennen und dabei noch laut schreien kann.

8. Sie haben sich in Ihre Kölner Karnevalsbekanntschaft verliebt und wollen Sie wieder treffen: Schalten Sie eine Anzeige in der »stadtrevue« unter »Wiedersehen«. Oder Sie haben sich gemerkt, in welchem Veedel die Person wohnt. Begeben Sie sich dorthin, und warten Sie in einem Büdchen auf ihr Erscheinen. Wenn die Person nach drei Tagen nicht dort auftaucht, war er oder sie eh nicht der/die Richtige. Falls doch, überlassen Sie das Anbandeln getrost den anderen Kunden/Büdchenbetreibern. Wahrscheinlich werden die längst ein romantisches Date beim Spiel des 1. FC Köln für Sie beide arrangiert haben. Es wird hochemotional werden, und wenn das Objekt ihrer Begierde bei Spiel-Ende Ihre Schulter zum Ausweinen wählt, sehe ich gute Chancen für eine gemeinsame Zukunft.

9. Sie befinden sich in einer Beziehung mit einem Kölner/ einer Kölnerin. Wie stellen Sie fest, ob die Sache hält? Machen Sie Nägel mit Köpfen, und ziehen Sie direkt zusammen. Ihre Wohnung wird jetzt von anderen Imis gebraucht. Danke!

10. Sie erwarten Nachwuchs: Glückwunsch! Wichtig ist jetzt vor allem, dass Sie für das Kind einen Vornamen wählen, in dem der Buchstabe »G« nicht vorkommt. (Siehe auch Kapitel »Kölsch – die Sprache«). Bedenken Sie bitte auch, dass jeder Vorname, den Sie wählen, eingekölscht werden kann und wird!

11. Et kütt, wie et kütt, et hätt noch immer jot jejange, man muss auch jönne künne ...: All das können Sie nicht mehr hören? Verständlich. Manchmal nervt alles, besonders in Köln. Die Bahn kommt nicht, der Job nervt, aus dem Kita-Platz wird doch nichts, die Schule wird renoviert, und die Hälfte des Tages verbringen Sie im Stau. Hängen Sie sich ans Telefon, rufen Sie einen Nicht-Kölner an, vielleicht jemanden aus Ihrer Heimatstadt! Hören Sie nur zu, was Ihr Gesprächs-partner zu berichten hat. Denn: Probleme gibt es überall. Und wenn Sie merken, dass Sie Ihrerseits versuchen, die andere Seite mit Auszügen aus dem »Kölschen Grundgesetz« zu trösten, dann sind Sie noch nicht fertig mit dieser Stadt. Und Köln nicht mit Ihnen. Also: Sie müssen zum Büdchen, und zwar flugs. Dort wird Ihnen geholfen. Wie immer.

Foto: Britta Schmitz

Katinka Buddenkotte
lebt und schreibt in Köln, beides meist komisch. Dennoch liest sie aus ihren zahlreichen Werken überall dort vor, wo sie gebraucht wird. Regelmäßig geschieht dies zum Beispiel bei der von ihr mitbegründeten Lesebühne »Rock'n' Read« im Klüngelpütz. Natürlich in Köln.

Bibliografische Information der Deutschen Nationalbibliothek
Die Deutsche Nationalbibliothek verzeichnet diese Publikation
in der Deutschen Nationalbibliografie; detaillierte bibliografische
Daten sind im Internet über http://dnb.d-nb.de abrufbar.

Texte: © Katinka Buddenkotte
Fotos: © Britta Schmitz (U4, S. 183)
Lektorat: Brigitte Lotz, Essen
Gestaltung, Satz und Illustrationen: Conny Laue, Bochum
Druck und Bindung: CPI Ebner & Spiegel GmbH, Ulm
Printed in Germany

ISBN 978-3-7408-0613-2

Unser Newsletter informiert Sie
regelmäßig über Neues von emons:
Kostenlos bestellen unter
www.emons-verlag.de